Conoce
todo sobre

Office 2016

Curso Práctico

D1611439

Conoce
todo sobre
Office 2016

Curso Práctico

Handz Valentin

 Ra-Ma®

La ley prohíbe
fotocopiar este libro

Editado por:
RA-MA Editorial
Madrid, España
Código para acceder al contenido en línea: 9788499646343

Colección American Book Group - Informática y Computación - Volumen 29.
ISBN No. 978-168-165-845-2
Biblioteca del Congreso de los Estados Unidos de América: Número de control 2019935065
www.americanbookgroup.com/publishing.php

Maquetación: Antonio García Tomé
Diseño de portada: Antonio García Tomé
Arte: Pressfoto / Freepik

Para ti, ...

(Es en serio, escribe tu nombre en los puntos suspensivos)

ÍNDICE

INTRODUCCIÓN

Bienvenidos a Office 2016 Paso a Paso. Este libro ha sido escrito con mucho esmero para que usted, estimado usuario, pueda sacar el máximo provecho a sus aplicaciones del paquete Office 2016.

Desde ya, este libro es un *paso a paso* de las acciones que puede realizar en sus aplicaciones, enfocándonos en Word, Excel, PowerPoint y Access. Al empezar a usar este libro, encontrará cuatro elementos de mucho valor que le ayudarán en su aprendizaje de estas aplicaciones:

▼ **Conceptos breves y concisos:** ¡Al grano! Las explicaciones son resumidas para entender el concepto general de los temas o de alguna herramienta.

▼ **Paso a Paso:** Enseña los pasos que debe seguir para utilizar determinada herramienta y obtener un resultado.

▼ **Ejercicios Paso a Paso:** Los ejercicios Paso a Paso le guiarán a través de situaciones que permitirán el aprendizaje más profundo de un determinado tema o herramienta.

▼ **Hazlo tú mismo:** Ponga a prueba su aprendizaje y resuelva usted mismo una serie de situaciones prácticas.

¿QUIÉN DEBERÍA LEER ESTE LIBRO?

Este libro contiene temas y muchos ejercicios que lo ayudarán a ser productivo en el trabajo, en los estudios, o en la vida personal usando estas aplicaciones de oficina. ¿Quiénes deberían leer este libro?:

▼ **Usuarios nuevos** de Office que deseen aprender a utilizar las herramientas más productivas de este paquete.

▼ **Usuarios experimentados** que deseen dar un vistazo a algunas novedades de Office 2016

▼ **Docentes** que deseen incrementar sus habilidades para el uso de las TIC en el aula.

▼ **Estudiantes** que quieran utilizar las aplicaciones para mejorar sus presentaciones.

▼ **Profesionales** que quieran aumentar su productividad en el entorno laboral.

▼ Usuarios que deseen obtener la **Certificación IC³**. Este libro cumple con los temas estándar para rendir el examen **Key Application (Aplicaciones Clave)**

CÓMO SE ORGANIZA ESTE LIBRO

Este libro se organiza en nueve importantes capítulos que van avanzando gradualmente para aprender las técnicas con las aplicaciones de Office 2016.

Capítulo 1: Conocer Office 2016. Este primer capítulo le ayudará a conocer cómo funciona y cómo son las aplicaciones de Office 2016.

Capítulo 2: Administrar sus archivos. En este capítulo conocerá las técnicas necesarias para crear, abrir y guardar sus documentos de Office 2016.

Capítulo 3: Conocer técnicas fundamentales y de colaboración. Aquí podrá aprender técnicas fundamentales como deshacer o rehacer una acción, aplicar un zoom u organizar ventanas. Además, aprenderá a compartir sus documentos con otros usuarios e imprimir.

Capítulo 4: Conociendo Word 2016. Explica las técnicas básicas para la creación de documentos, como aplicar formato de fuente y párrafo, trabajar con listas y aplicar estilos.

Capítulo 5: Estructurar documentos. Desde este capítulo podrá hacer uso de la inserción de imágenes, tablas, encabezados y pies de página y modificar el aspecto del documento.

Capítulo 6: Conociendo Excel. Conocerá el uso de las herramientas fundamentales de Excel 2016. Podrá insertar datos, aplicar formatos y trabajar con funciones básicas.

Capítulo 7: Trabajar con Datos en Excel. Este capítulo continúa con el uso de algunas funciones que permiten obtener resultados informativos como *Si*, *BuscarV* y *BuscarH*. Además, podrá aplicar validaciones de datos, creará listas e insertará gráficos estadísticos.

Capítulo 8: Trabajar con PowerPoint. Podrá aprender a utilizar rápidamente este programa de presentaciones. Aprenderá a aplicar formato, insertar objetos multimedia y animaciones.

Capítulo 9: Trabajar con Access. Este último capítulo le ayudará a comprender esta aplicación de base de datos. Conocerá su forma de navegación, añadirá datos a tablas, creará consultas, formularios e informes.

ARCHIVOS DE PRÁCTICAS

Como en todo libro técnico, no podía faltar el uso de archivos de práctica. Por ello, podrá descargar los archivos necesarios para los ejercicios a través del sitio web de la editorial Ra-Ma en la dirección www.ra-ma.es

Cómo usar los archivos de prácticas

Una vez descargado el archivo ZIP, siga estos pasos:

1. Descomprima los archivos.

2. Copie o mueva la carpeta **OfficeData** a la unidad **C:.**

3. Cuando el ejercicio se lo exija, deberá ir a la carpeta **OfficeData** y luego a la carpeta del capítulo que corresponda. Por ejemplo, en el ejercicio correspondiente al capítulo 4 le pedirá ingresar en **C:** | **OfficeData** | **Capítulo 4**.

1

CONOCER OFFICE 2016

Hoy los nuevos dispositivos tecnológicos hacen que nuestra vida sea más fácil y divertida. No hay persona en la calle que no esté a la moda con alguno de estos dispositivos: un Smartphone, una Tablet o un Smartwatch. Acceder a tus contactos de forma rápida, leer un libro digital, conectarse a sus redes sociales, seguir una rutina de ejercicios de la última aplicación descargada, son cosas que podemos hacer casi intuitivamente. Sin embargo, pese a toda esta diversión, siempre tendremos que escribir un documento (Word), realizar cálculos (Excel) o diseñar presentaciones (PowerPoint).

Este capítulo lo llevará a conocer qué es y cómo trabaja este conjunto de aplicaciones conocida como Office, familiarizándose con la interfaz de los programas, y personalizando algunos elementos de la ventana.

1.1 OFFICE 2016 Y OFFICE 365

Office esencialmente se compone de cuatro programas: Word, Excel, PowerPoint, y Outlook. Además, están Access, OneNote y Publisher como parte del programa completo. Para que pueda usar estos programas en toda su dimensión, deberá instalarlo en su equipo. Solo tiene dos alternativas: comprarlo o tener una suscripción.

Si planea comprar Office 2016, debe saber que quizá tenga que romper la hucha de sus ahorros. Otra alternativa es tener una suscripción a Office 365. Esto le permite a , y por qué negarlo, a mí también, a usar los programas de Office sin tener que desembolsar tanto dinero. Office 365 llega con todos los programas (Word, Excel, PowerPoint, Outlook, Access, OneNote y Publisher), capacidad de instalarlo hasta en cinco equipos, 60 minutos a Skype, y hasta 1TB de almacenamiento en nube.

 NOTA

En este libro se utiliza Office 2016 para PC. No se incluye información sobre Office 2016 para MAC o las versiones para dispositivos móviles.

1.1.1 Cómo funciona Office 365

¿Ha oído a las personas hablar de "la nube"? es un término muy usado últimamente, pero quizá no llega a ser entendible del todo. Lo que se conoce correctamente como "Computación en la Nube", es la capacidad de acceder a sus archivos y aplicaciones online a través de diversos dispositivos; su pc, teléfono o tablet, todos ellos sincronizados.

Sin darse cuenta, es posible que ya esté en la onda de los Computación en la Nube. Por varios años, Microsoft ha ofrecido servicios gratuitos para:

▼ Si tiene una cuenta de correo electrónico Outlook.com, o el antiguo Hotmail.com, ya cuenta con un servicio gratuito basado en nube. OneDrive -antes llamado SkyDrive- es un espacio de almacenamiento en nube que permite guardar todo tipo de archivos, en especial los de Office.

▼ Si necesita usar Word, Excel o PowerPoint y estos no están instalados en el equipo, puede usar la versión Web Apps. Donde Word, Excel, PowerPoint -y OneNote-, funcionan a través de su navegador web. Así, puede ser fácil editar sus documentos desde cualquier dispositivo con conexión a internet.

Office 365 es la versión basado en nube de Office 2016 que puede adquirirse a través de una suscripción. Con una suscripción a Office 365 podrá:

▼ Instalar Office 2016 hasta en cinco equipos con la gran ventaja de que si se agregan nuevas funciones en Office 2016, serán actualizadas e instaladas automáticamente en el equipo.

▼ 1TB en OneDrive para guardar tus archivos de Office. Además, con OneDrive, podrá colaborar en tiempo real con otros usuarios en un solo documento.

Hasta sesenta minutos en Skype para que pueda realizar todo tipo de llamadas a cualquier usuario.

ⓘ **NOTA**

Si desea conocer más sobre los planes y tarifas de Office 365, puede entrar al siguiente enlace: *https://goo.gl/UEpU35*

1.2 INICIAR UN PROGRAMA DE OFFICE 2016

Office 2016 puede ser instalado en cualquiera de los tres últimos sistemas operativos de Microsoft: Windows 10, Windows 8 y Windows 7. Cuando termina la instalación de Office 2016 se crean accesos directos que permiten abrir los programas de forma más fácil. Estos accesos directos se encuentran en el *Inicio* (Windows 10), *pantalla Inicio* (Windows 8) o el *menú Inicio* (Windows 7). Abrir cualquiera de los programas suele ser algo diferente en las tres versiones de Windows:

1.2.1 Abrir sus aplicaciones con Windows 10

1. Clic en el botón **Inicio**.

2. Clic en **Todas las aplicaciones**.

3. Navegue alfabéticamente hasta llegar a la letra adecuada para su aplicación. Si quiere abrir Excel, debe dirigirse a la **E**. Si quiere abrir PowerPoint, debe dirigirse a la **P** tal como lo muestra la Figura 1.

4. Clic en el icono de la aplicación.

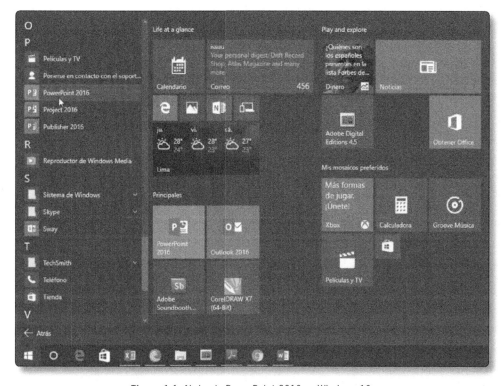

Figura 1.1. Abriendo PowerPoint 2016 en Windows 10.

1.2.2 Abrir sus aplicaciones con Windows 8

1. Active su pantalla Inicio. Puede pulsar la tecla Windows para tal propósito.

2. Navegue a través de los mosaicos de la pantalla Inicio hasta encontrar el grupo de aplicaciones Microsoft Office 2016.

3. Clic en el mosaico del programa que quiera abrir.

1.2.3 Abrir sus aplicaciones con Windows 7

1. Clic en el botón Inicio.

2. Clic en Todos los programas.

3. Clic en Microsoft Office 2016.

4. Clic en el programa que quiera abrir.

1.2.4 Abrir sus aplicaciones usando un ejecutable

Los ejecutables son archivos que se utilizan para iniciar un programa. Las aplicaciones de Office tienen sus propios ejecutables, es más, cuando abre una aplicación desde el **Inicio** o **menú Inicio**, lo que está haciendo es activar ese ejecutable a través de un acceso directo.

Para abrir una aplicación de Office a través de su propio ejecutable, siga estos pasos:

1. Clic en el botón derecho del ratón sobre el botón **Inicio** y seleccione **Ejecutar**. O también, pulse Windows + R. En cualquiera de los casos, se abre el cuadro de diálogo **Ejecutar** (vea la Figura 2).

2. Dentro del campo **Abrir**, escriba el ejecutable de su aplicación. Por ejemplo, **WINWORD** para abrir Word.

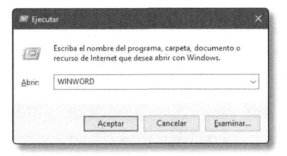

Figura 1.2. Cuadro de diálogo Ejecutar.

(i) **NOTA**

El nombre del ejecutable puede ser escrito en mayúscula o minúscula.

---

3. Clic en **Aceptar**, o pulse **Enter**. Al hacerlo, la aplicación se abre.

La siguiente lista muestra el nombre de los ejecutables de las aplicaciones de Office:

- **Word 2016:** winword
- **Excel 2016:** excel
- **PowerPoint 2016:** powerpnt
- **Access 2016:** msaccess
- **Publisher 2016:** mspub

1.3 CONOCER LA INTERFAZ DE OFFICE 2016

Desde la versión de Office 2010, todos los programas de la suite presentan la misma estructura y diseño en todas sus ventanas. Esto significa que podrá sentirse cómodo trabajando con cualquier aplicación de Office. Por ejemplo, todas las aplicaciones cuentan con la cinta de opciones, con una pantalla Inicio, y con una barra de herramientas de acceso rápido.

> **ⓘ NOTA**
>
> Outlook es la única aplicación ligeramente diferente.

Cuando abre cualquier aplicación de Office -a excepción de Outlook- siempre se mostrará primero la pantalla de inicio tal como mostramos en la imagen. Desde esta pantalla podrá crear un nuevo documento, elegir una plantilla prediseñada o abrir un documento reciente.

Figura 1.3. Pantalla de inicio de la aplicación Excel.

Cuando crea un documento nuevo en blanco o desde una plantilla, o cuando abre un documento reciente, podrá ver la interfaz de la aplicación.

Las interfaces de las aplicaciones de Office prácticamente están divididas en tres secciones. En la sección superior encontrará el título de su documento actual y las herramientas necesarias para trabajar. En la sección del medio está el área de trabajo, un lugar donde agregará el contenido de su documento. Y en la sección inferior se encuentra una barra larga que muestra el estado en el que se encuentra su documento actual, además de algunos botones para cambiar las vistas.

ⓘ **NOTA**

Generalmente, a los archivos creados con cualquiera de las aplicaciones de Office se les llaman *documentos*. Sin embargo, cuando se hable de las aplicaciones en forma independiente, tendrá que usar otro término. Esto se explicará más adelante en este libro.

La siguiente lista detalla los elementos de las interfaces de las aplicaciones de Office:

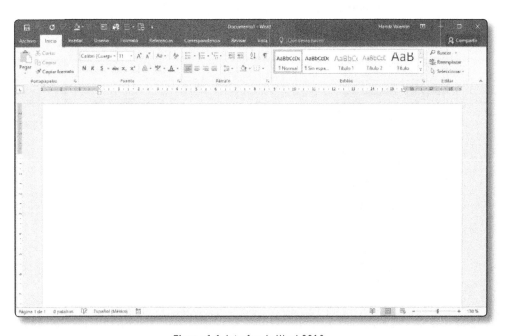

Figura 1.4. Interfaz de Word 2016.

1.3.1 Área de título

Cuando necesite ver el nombre de su documento o el nombre de su cuenta de correo electrónico -en caso de Outlook-, dirija su vista al área de título ubicado en la parte superior de la ventana. En esta barra no solo encontrará el nombre del archivo, si no también podrá ver el nombre del programa utilizado.

Figura 1.5. Área de título de Word (izquierda). Área de título de Outlook (derecha).

1.3.2 Botones de control

Están ubicados al extremo derecho del área de título. Aquí encontrará los botones de control clásicos: cerrar, maximizar/minimizar tamaño y minimizar. Además, está el botón para mostrar y ocultar la cinta de opciones y el nombre de usuario si es que ha iniciado sesión en Office 2016.

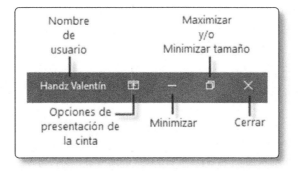

Figura 1.6. Área de los botones de control (Word 2016).

1.3.3 Barra de Herramientas de Acceso Rápido

En Office 2016 aún existe una barra de herramientas que contiene algunos comandos comunes para trabajar con los archivos, llamada **Acceso rápido**. Esta barra de herramientas de acceso rápido se encuentra a la izquierda del área de título. En la mayoría de las aplicaciones de Office 2016 se presentan tres botones clásicos: Guardar, Deshacer y Rehacer/Repetir.

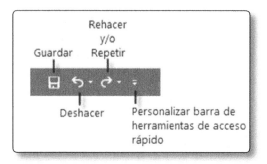

Figura 1.7. La barra de herramientas de acceso rápido (Publisher 2016)

1.3.4 La Cinta de opciones

El lugar donde se encuentran todos los comandos necesarios para trabajar con sus documentos se llama **Cinta de opciones** y todas las aplicaciones de Office 2016 la tienen. La cinta de opciones se ubica a lo largo de toda la parte superior de la ventana -justo por debajo del área de título- y organiza intuitivamente todos los comandos a través de fichas y grupos. Por ejemplo, si quiere insertar una imagen en su documento, solo tiene que hacer clic en la ficha **Insertar**, y en el grupo **Ilustraciones**, hacer clic sobre el comando **Imágenes**. ¿Y si quiere revisar la ortografía? Vaya a **Revisar**, dentro del grupo **Revisión**, está el comando **Ortografía y gramática**.

Figura 1.8. La cinta de opciones (Word 2016) se ubica justo debajo del área de título y ocupa todo el ancho de la ventana.

1.3.5 Menú Archivo

Todas las tareas importantes que tratan directamente con sus archivos se encuentran en la vista **Backstage**. Esta vista Backstage se activa cuando hace clic sobre **Archivo**. Las opciones que encontrará ahí van desde crear nuevos documentos hasta las tareas de impresión.

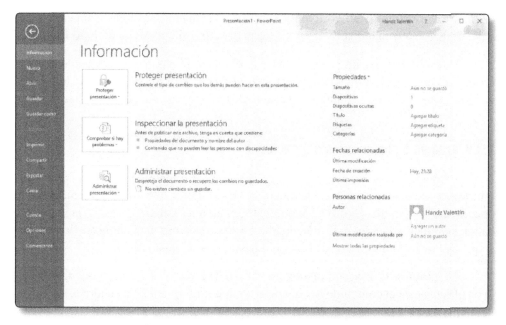

Figura 1.9. Vista Backstage (PowerPoint 2016.)

1.3.6 La barra de Estado

La barra de Estado se ubica en la parte inferior de todas las ventanas de Office 2016. Por lo general la barra de estado presenta diversos detalles del contenido de su documento. Por ejemplo, cuando trabaja en Word, la barra de estado presenta información sobre el número de páginas que hay en el documento o el idioma del mismo. Si usa Excel, la barra de estado muestra los resultados de algunos cálculos simplemente al seleccionar varias celdas con números.

Figura 1.10. Barra de estado (Excel 2016).

1.3.7 Cuadros de diálogo y paneles

A pesar de los cambios que ha sufrido Office desde hace mucho tiempo, los paneles y los cuadros de diálogo siguen estando entre nosotros. Los paneles y los cuadros de diálogo albergan más comandos de los que se muestran en la Cinta de opciones. Por ejemplo, en Word puede aplicar un tachado a sus textos, sin embargo, aplicar un doble tachado solo se puede hacer si activa el cuadro de diálogo **Fuente**.

En la **Cinta de opciones**, justo a la derecha de algunos nombres de grupo, encontrará un pequeño botón llamado **Iniciador de cuadros de diálogo**. Este iniciador dará pie a que aparezca en pantalla un cuadro de diálogo o un panel si es el caso.

1.3.8 Área de trabajo de las aplicaciones

Aunque todas las aplicaciones de Office comparten prácticamente la misma interfaz en sus ventanas, el área de trabajo -el lugar dónde añadirá el contenido de su documento- sí cambia. Si utiliza Word 2016, el área de trabajo muestra una hoja de papel; si utiliza Excel 2016, el área de trabajo se parece más a una hoja cuadriculada; si utiliza PowerPoint, el área de trabajo muestra una diapositiva.

La Figura 12 muestra el área de trabajo de Excel 2016. Como puede ver, en la cuadrícula está el contenido del documento, mientras que todo a su alrededor tiene la misma interfaz que las otras aplicaciones de Office.

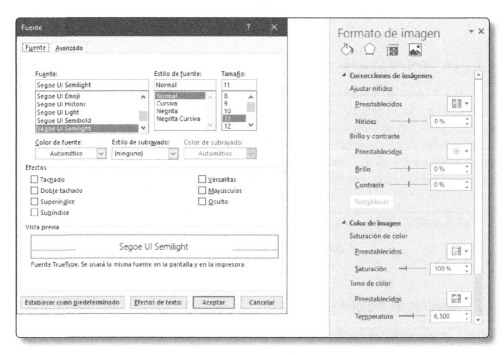

Figura 1.11. Cuadro de diálogo Fuente (izquierda), panel Formato de imagen (derecha). Ambos pertenecen a Word 2016.

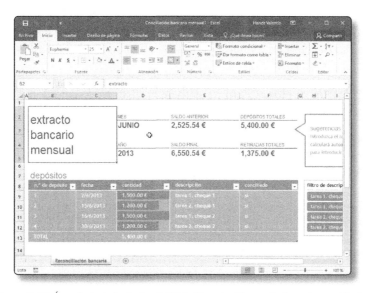

Figura 1.12. Área de trabajo de Excel 2016. El contenido se añade en la cuadrícula.

1.4 TRABAJAR CON LA CINTA DE OPCIONES

En aquellos tiempos cuando se usaba Office 2003, encontrar los comandos adecuados era toda una travesía. Buscar un comando en los cientos de barras de herramientas no era cosa fácil, solo los usuarios experimentados podían recordar donde se encontraban sus herramientas preferidas. Cuando llegó Office 2007, todo cambió. **Cinta de opciones**, reemplazó al 99% de las barras de herramientas por una cinta que organizaba intuitivamente todos los comandos. Hoy, la cinta de **Opciones** sigue siendo el área principal para trabajar con el contenido de sus documentos y está organizada en cuatro partes básicas:

▼ **Las fichas**. Ubicadas en la parte superior de la cinta. Cada una de ellas representa las tareas principales que se llevan a cabo en una aplicación determinada. Algunos ejemplos de fichas son: Inicio, Insertar, Diseño o Vista. Cuando hace clic en una ficha, esta se convierte en la ficha activa.

▼ **Los grupos**. Se encuentran dentro de cada ficha y agrupan todos los comandos necesarios para un tipo de tarea. Por ejemplo, en la ficha Inicio podrá ver el grupo Fuente, aquí encontrará los comandos para aplicar formatos a sus textos. Algunos grupos tiene un pequeño botón llamado **Iniciador de cuadros de diálogo**.

▼ **Los comandos**. Son los pequeños iconos que están organizados en cada grupo. Algunos de estos comandos pueden ser botones, otros pueden tener flechas con la cual se despliega un menú, y otros pueden ser galerías con estilos prediseñados.

▼ **La ficha Archivo**. Permite activar la vista backstage donde encontrará más opciones para aplicar a sus documentos.

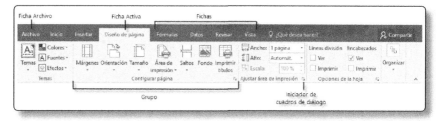

Figura 1.13. Partes de la cinta de opciones.

En el siguiente ejercicio se familiarizará con la cinta de opciones.

1. Abrir la aplicación PowerPoint 2016.

2. Una vez abierto, pulse la tecla Esc. De esta manera salimos de la pantalla inicio de PowerPoint y entramos a la interfaz principal.

3. Vea la cinta de opciones. **Inicio** es la ficha activa y presenta los grupos: Portapapeles, Diapositivas, Fuente, Párrafo, Dibujo y Editar.

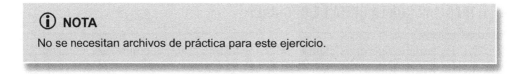

Figura 1.14. Ficha Inicio de PowerPoint 2016.

4. Clic en la ficha **Insertar**. Ahora **Insertar** es la ficha activa y presenta los grupos: Diapositivas, Tablas, Imágenes, Ilustraciones, Complementos, Vínculos, Comentarios, Texto, Símbolos y Multimedia.

5. Active la ficha **Diseño**. Aquí están los grupos: Temas, Variantes, Personalizar y Diseñador.

6. Active la ficha **Vista**. Y en el grupo Mostrar, clic en su Iniciador de cuadro de diálogo. Se abre el cuadro de diálogo **Cuadrícula y guías**..

Figura 1.15. Cuadro de diálogo Cuadrícula y guías.

7. Cierre el cuadro de diálogo haciendo clic en la **X** o pulsando la tecla *Esc*.

8. Active la ficha **Inicio** nuevamente. Y en el grupo Portapapeles, clic en su Iniciador de cuadro de diálogo. En lugar de abrirse un cuadro de diálogo, esta vez se abre el panel Portapapeles..

9. Active la ficha **Diseño**. Y en el grupo Temas, podrá ver una galería de diseños para sus diapositivas. Señale -no haga clic- cada uno de los mosaicos de la galería y vea cómo va afectando a su diapositiva.

Figura 1.16. Panel de tareas Portapapeles.

Figura 1.17. Galería del grupo Temas en la ficha Diseño.

10. Clic en el botón **Más** de la galería Temas y se desplegará más opciones a elegir. Señale cada uno de ellos para ver su nombre y luego, clic sobre **Sector**.

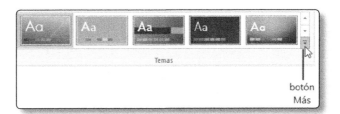

Figura 1.18. Botón Más en la galería Temas.

11. Clic en la ficha **Archivo**. Se activa la vista Backstage.

12. Dentro de la vista backstage, clic sobre la opción **Cerrar**. Aparecerá un mensaje preguntándole si desea guardar su documento, en esta ocasión, clic en **No guardar**. El documento se cierra, sin embargo, PowerPoint sigue abierto.

13. Clic en la X de la ventana de PowerPoint para salir completamente de la aplicación.

1.4.1 El cuadro ¿Qué desea hacer?

Aunque la cinta de **Opciones** organiza muy bien los comandos en sus aplicaciones, aún necesita algo de práctica y experiencia para encontrar ciertos comandos importantes. A la derecha de las fichas de la cinta, se encuentra el cuadro **¿Qué desea hacer?** En este cuadro puede escribir un texto que coincida con la herramienta o la tarea que desea hacer. Por ejemplo, si desea un encabezado de página, clic sobre el cuadro **¿Qué desea hacer?** y escriba algo como `crear un encabezado`. El cuadro le mostrará opciones que coincidan con su búsqueda y podrá elegir con un clic la herramienta que necesita.

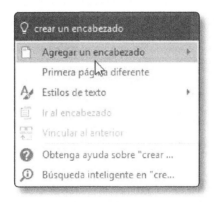

Figura 1.19. Buscar una herramienta o tarea en el cuadro ¿Qué desea hacer?

1.4.2 Las fichas contextuales

Estas fichas aparecen solo cuando las necesitas. Este comportamiento es muy útil para evitar tener demasiados comandos a la vista. Un ejemplo de ello es cuando selecciona un gráfico, la ficha contextual **Herramientas de gráfico** se activa y muestra las fichas **Diseño** y **Formato** como puede ver en la imagen. Cuando deja de seleccionar el objeto, estas fichas contextuales desaparecerán.

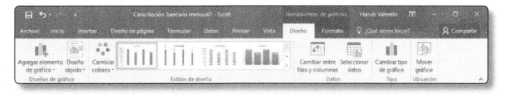

Figura 1.20. Ficha contextual Herramientas de gráficos con sus dos fichas, Diseño y Formato.

1.4.3 Personalizar la cinta de Opciones

La Cinta de opciones tiene mucha flexibilidad cuando se trata de organizar sus herramientas más usadas. A veces, los comandos que más utiliza en sus aplicaciones de Office están dispersas en diferentes fichas y grupos. Una alternativa bastante importante es la de crear sus propias fichas y grupos, y organizar los comandos como quiera. Todo esto se hace desde el cuadro de diálogo **Opciones de Office**, desde la página **Personalizar Cinta de opciones**.

En el siguiente ejercicio, aprenderemos a personalizar la cinta de Opciones.

> (i) **NOTA**
>
> No se necesitan archivos de práctica para este ejercicio.

1. Abrir la aplicación Word 2016.

2. Pulse la tecla **Esc** para salir de la pantalla Inicio.

3. Clic en la ficha **Archivo**, y clic en **Opciones**. Se abre el cuadro de diálogo **Opciones de Word**.

4. Clic en la página **Personalizar cinta de opciones**.

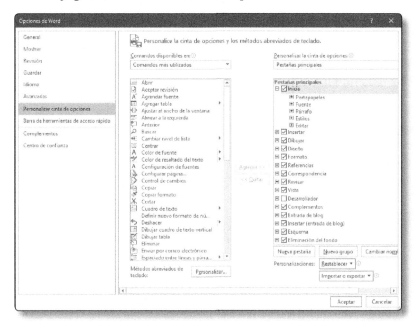

Figura 1.21. Cuadro de diálogo Opciones de Word.

5. En la sección del lado derecho, clic sobre el botón **Nueva pestaña**. Observe la sección derecha. Se acaba de agregar una opción llamada Nueva pestaña (personalizada) y además la opción Nuevo grupo (personalizada).

6. Clic en Nueva pestaña (personalizada) y después, clic en Cambiar nombre. Se abre el cuadro de diálogo **Cambiar nombre**.

7. En el cuadro **Nombre para mostrar** escriba: `Mis comandos`. Luego, clic en **Aceptar**. Observe que el nombre de la ficha ahora es **Mis comandos (personalizada)**.

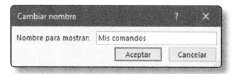

Figura 1.22. Cuadro de diálogo Cambiar nombre para la ficha.

8. Ahora seleccione Nuevo grupo (personalizada) y clic en **Cambiar nombre**. Se abre el cuadro de diálogo Cambiar nombre bastante diferente al anterior.

9. En el cuadro **Nombre para mostrar** escriba: `Básico`.

10. Seleccione un símbolo cualquiera y clic en **Aceptar**.

Figura 1.23. Cuadro de diálogo Cambiar nombre para el grupo.

La ficha (Mis comandos) y el primer grupo (Básico) ya han sido creados. Ahora, debe agregar los comandos que más utilice.

11. Desde la sección derecha, seleccione el comando **Copiar**. Luego, clic en el botón **Agregar >>**. El comando **Copiar** acaba de pasar a las filas del grupo **Básico**.

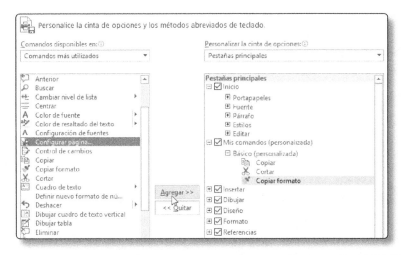

Figura 1.24. La sección derecha muestra los comandos más utilizados de Word 2016. El lado izquierdo muestra las fichas por defecto y las personalizadas.

12. Seleccione el comando **Cortar** clic en **Agregar>>. Cortar** también forma parte del grupo **Básico**.

13. Agregue estos otros comandos: **Pegar, Copiar formato, Configurar página, Guardar como, Hipervínculo** e **Impresión rápida**. Luego, haga clic en Aceptar del cuadro de diálogo **Opciones de Word**. Ahora puede notar su nueva ficha agregada a la cinta de opciones.

Figura 1.25. Nueva ficha personalizada llamada Mis comandos, dentro de ella están los comandos del grupo Básico.

1.4.4 Ocultar la cinta de Opciones

Puede ocultar todo o parte de la cinta de opciones para tener más espacio mientras trabaja en sus documentos. Hacer doble clic sobre la ficha activa oculta la cinta, pero deja las fichas a la vista. Si hace clic sobre cualquier ficha, la cinta vuelve a aparecer y se ocultará tan pronto haga clic en algún lugar de su documento o en algún comando. Para mostrar permanentemente la cinta de opciones, debe hacer doble clic sobre cualquier ficha.

Para ocultar la cinta de opciones por completo, incluido las fichas, siga estos pasos:

1. Clic en el botón **Opciones de presentación de la cinta de opciones** ubicado en el área de los botones de control.

2. Clic en **Ocultar automáticamente la cinta de opciones**.

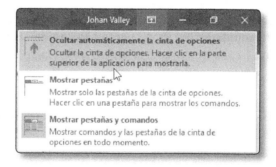

Figura 1.26. Ocultar la cinta de opciones completamente.

1.5 TRABAJAR CON LA BARRA DE HERRAMIENTAS DE ACCESO RÁPIDO

La única barra de herramientas que ha sobrevivido hasta hoy es la barra de herramientas de acceso rápido ubicado a la izquierda del área de título. Esta barra de herramientas es bastante flexible ya que se puede añadir más botones si los necesita. Haciendo clic en **Personalizar barra de herramientas de acceso rápido** -la flecha ubicada a la derecha de la barra-, se mostrará un menú con los comandos que puede agregar. Todos los comandos que tengan un visto bueno (check) son los que están en la barra ; para añadir un comando a la barra, solo debe hacer clic sobre él.

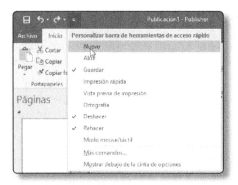

Figura 1.27. Menú Personalizar barra de herramientas de acceso rápido (Publisher 2016).

También puede agregar más comandos a esta barra desde la cinta de opciones. Haga clic en el botón derecho de su ratón sobre el comando que quiera agregar, y seleccione la opción **Agregar a la barra de herramientas de acceso rápido**.

Si el comando que necesita no se encuentra en la cinta de Opciones, haga clic en la flecha **Personalizar barra de herramientas de acceso rápido** y seleccione **Más comandos**. El cuadro de diálogo **Opciones de la aplicación** se abre y se activa la página **Barra de herramientas de acceso rápido.**

Desde este cuadro de diálogo seleccione un comando y haga clic en el botón **Agregar>>** para que el comando forme parte de la barra de herramientas de acceso rápido. Una vez terminado de agregar los comandos que necesita, haga clic en **Aceptar**.

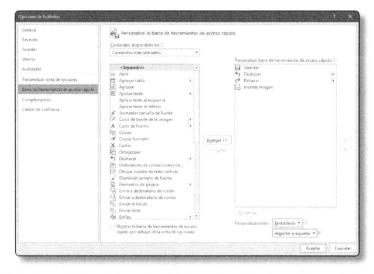

Figura 1.28. Cuadro de diálogo Opciones de Publisher con la página Barra de herramientas de acceso rápido activada.

Si tiene demasiados comandos añadidos a la barra de herramientas de acceso rápido, puede cambiar su posición haciendo clic en la flecha **Personalizar barra de herramientas de acceso rápido** y clic en **Mostrar debajo de la cinta de opciones**.

1.6 INICIAR SESIÓN EN SUS APLICACIONES DE OFFICE

Puede sacar provecho al máximo de sus aplicaciones de Office con solo iniciar sesión a través de una cuenta Microsoft. Al iniciar sesión, se guardan las configuraciones que aplicó, como el color o el diseño de fondo de la ventana. Además, también se guardan las listas de los documentos recientemente abiertos desde OneDrive, y los servicios conectados -como YouTube, Facebook o LinkedIn- a las aplicaciones.

Para iniciar sesión en cualquiera de sus aplicaciones de Office usando una cuenta Microsoft siga estos pasos:

1. Vaya a **Archivo** y haga clic en la página **Cuenta**.

2. Dentro de la página **Cuenta**, haga clic en el botón **Iniciar sesión** .

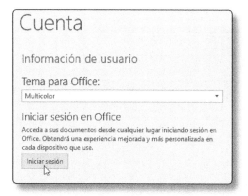

Figura 1.29. Iniciar sesión en su aplicación de Office.

3. En la ventana de diálogo **Iniciar sesión**, escriba su cuenta Microsoft. Luego, pulse en **Siguiente**.

Figura 1.30. Ventana de diálogo para iniciar sesión en Office a través de su cuenta Microsoft.

4. Ahora, escriba su contraseña y haga clic en el botón **Iniciar sesión**. Espere unos segundos y en su página **Cuenta** aparecerá su información de usuario, configuraciones, servicios conectados y otra información relevante al producto de Office.

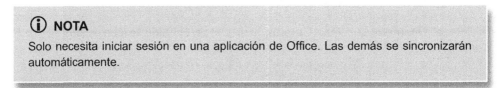

ⓘ **NOTA**

Solo necesita iniciar sesión en una aplicación de Office. Las demás se sincronizarán automáticamente.

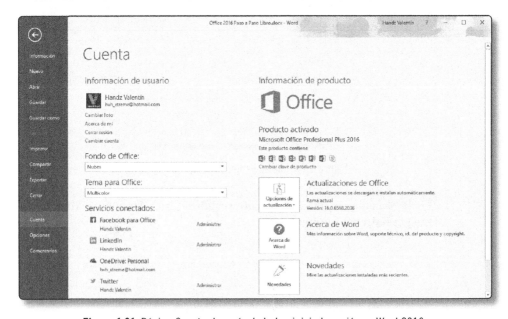

Figura 1.31. Página Cuenta después de haber iniciado sesión en Word 2016.

Una vez iniciado sesión, aparecerá su nombre de usuario a la izquierda de los botones de control. Haga clic en el nombre de usuario para que se despliegue el menú de usuario y ver las opciones que trae.

Figura 1.32. Menú de usuario después de hacer clic en el nombre de usuario.

1.6.1 Crear una cuenta Microsoft

Tener una cuenta Microsoft abre muchas posibilidades productivas para sincronizar sus aplicaciones de Office con cualquier dispositivo y en cualquier lugar. Si ya usa Office 365, Skype, OneDrive, Outlook.com -o el antiguo Hotmail. com-, Xbox Live o un teléfono con Windows Phone, entonces ya tiene una cuenta Microsoft. En caso no tenga una, puede crear una cuenta Microsoft usando una dirección de correo electrónico ya existente -por ejemplo Gmail.com- o crear una nueva dirección a través de Outlook.com. Si aún no tiene una cuenta Microsoft, siga estos pasos para registrarse:

1. Clic en **Archivo** y seleccione la página **Cuenta**.

2. En la página **Cuenta**, clic en el botón **Iniciar sesión**.

3. En la ventana de diálogo Iniciar sesión, escriba la dirección de correo electrónico que quiera usar para registrar como cuenta Microsoft y clic en el botón **Siguiente**. Si no tiene una dirección, invente una por ahora -ya que después podrá crear una nueva- y clic en **Siguiente**.

4. En esta ventana de diálogo, clic en el vínculo **Cree una**. Se abre la ventana de diálogo para registrar una nueva cuenta Microsoft.

Figura 1.33. Vínculo *Cree una* para registrar una nueva cuenta Microsoft.

5. En esta ventana de registro, agregue su **Nombre**, **Apellidos** y su dirección de correo electrónico existente -gmail o yahoo-.

Figura 1.34. Agregue su nombre, apellidos y la dirección de correo electrónico que usará como cuenta Microsoft.

6. Si no tiene una cuenta existente, clic en el vínculo **O consigue una nueva dirección de correo electrónico**. Ahora, agregue lo siguiente (Vea la Figura 35).

- Nombre de su nueva cuenta Microsoft.
- Elija un dominio entre Outlook.es, Outlook.com o Hotmail.com.
- Agregue una contraseña nueva para su nueva cuenta Microsoft.
- Vuelva a escribir la contraseña para su nueva cuenta Microsoft.

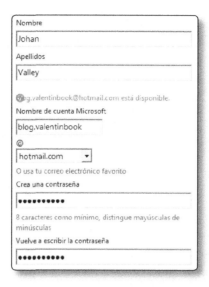

Figura 1.35. Registre su nueva cuenta Microsoft a través de una dirección de correo electrónico, un nombre de dominio como Outlook.com y su contraseña.

7. Seleccione su país o región, el código postal, fecha de nacimiento, sexo, un número telefónico y un correo alternativo. Tanto el número telefónico como el correo alternativo serán de gran ayuda cuando tenga problemas para iniciar sesión o cuando quiera recuperar su contraseña.

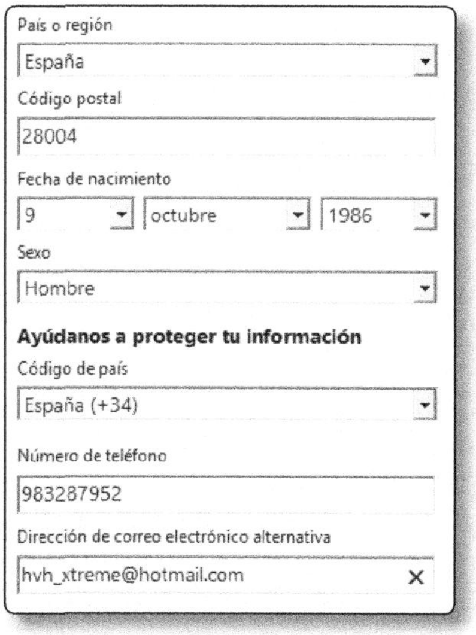

Figura 1.36. Complete su información de usuario como su país, su fecha de nacimiento, y un número telefónico o correo alternativo en caso tenga un problema para iniciar sesión.

8. Por último, agregue los caracteres de la imagen y haga clic en el botón **Crear cuenta**. Para ver que todo ha ido bien, revise el área de los botones de control, donde debe aparecer su nombre de usuario.

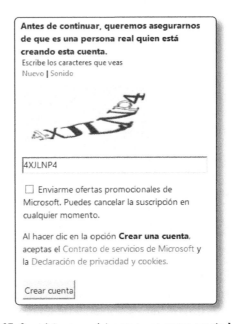

Figura 1.37. Completar su registro para una nueva cuenta Microsoft.

1.6.2 Revisar la información de la cuenta

Al hacer clic sobre la ficha Archivo y luego sobre la página Cuenta, puede encontrar información importante sobre su cuenta de usuario, los servicios conectados y la activación del producto.

La primera sección de la página **Cuenta** muestra su nombre de usuario y su dirección de correo electrónico de su cuenta Microsoft. Además, se encuentran los enlaces para cambiar la foto de perfil (**Cambiar foto**), revisar información personal (**Acerca de mí**), cerrar la sesión de sus aplicaciones de Office (**Cerrar sesión**) y cambiar de cuenta. También desde aquí puede cambiar el fondo y el tema de la aplicación. Para cambiar el tema o el fondo siga estos pasos.

1. Clic en la flecha del desplegable Fondo de Office o Tema de Office.

2. Clic en las opciones de fondo o tema que se despliega. Los cambios sucederán con tan solo hacer clic.

Figura 1.38. Información de usuario de la página Cuenta.

Cambiar tanto el fondo como el tema de las aplicaciones de Office es una pequeña libertad que tiene para personalizar la apariencia de sus ventanas. El tema por defecto es Multicolor. Cuando abre Word, puede ver que la parte superior es de color azul, mientras que Excel es de color verde. Sin embargo, tiene la posibilidad de elegir otros colores como Blanco, Gris o Negro. Por otro lado, el fondo son pequeños dibujos -como nubes, estrellas o fondo marino- que aparecen en la parte superior de la ventana dándole un toque creativo al diseño de la aplicación.

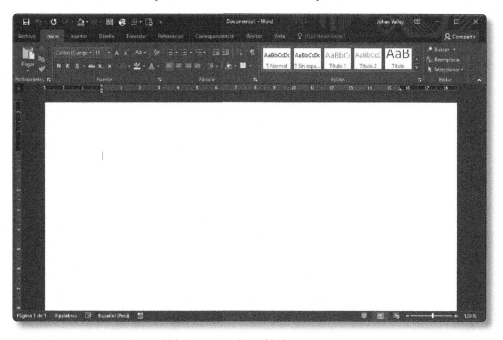

Figura 1.39. Ventana de Word 2016 con el tema Negro.

La segunda sección le permite conectarse a varios servicios en línea como Facebook, YouTube, Twitter o LinkedIn. Al hacerlo, podrá sacar provecho al máximo a los servicios que ofrecen estos sitios web. Por ejemplo, puede insertar sus fotos guardadas en Facebook en sus documentos de Word, o puede agregar vídeos de YouTube a las diapositivas en PowerPoint.

Figura 1.40. Servicios conectados a sus aplicaciones de Office.

Para agregar un servicio siga estos pasos:

1. Clic en la ficha Archivo, y clic en la página Cuenta.

2. En la sección **Servicios conectados**, clic en **Agregar un servicio**.

3. En el menú desplegable, seleccione la categoría del servicio que desea agregar. Entre ellas están: Imágenes y vídeos, Almacenamiento y Uso compartido.

4. Seleccione por ejemplo Imágenes y Vídeos, y haga clic en algún servicio, por ejemplo, Facebook para Office.

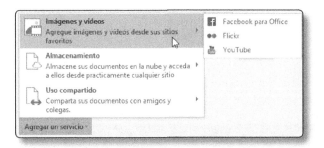

Figura 1.41. Elija una categoría para luego seleccionar un servicio.

5. En algunos casos se abre una ventana de diálogo donde deberá hacer clic sobre el botón **Conectar** y luego iniciar sesión en el servicio tal y como sucede con Facebook o LinkedIn. Otros servicios como YouTube se conectan automáticamente con tan solo seguir el paso 4.

La tercera sección muestra información importante de los productos de Office. Desde aquí puede ver si Office 2016 está activado, las opciones de actualización de las aplicaciones y las novedades. Por ejemplo, si hace clic en Novedades, podrá ver qué cosas nuevas traen sus aplicaciones. Mientras se escribió este libro, la última novedad para todas las aplicaciones de Office fue el tema **Negro**.

Figura 1.42. Información del producto.

1.7 CAMBIAR LAS OPCIONES DE OFFICE

Existen muchas opciones importantes para cambiar el funcionamiento de sus aplicaciones de Office. Puede cambiar opciones tan básicas como el nombre de usuario, hasta cosas avanzadas como el idioma de la aplicación. Todos estos cambios se hacen a través del cuadro de diálogo **Opciones de la aplicación**. Por ejemplo, si abre Excel y accede a Opciones, aparecerá el cuadro de diálogo **Opciones de Excel**; si es PowerPoint, aparecerá el cuadro de diálogo **Opciones de PowerPoint**.

Para activar el cuadro de diálogo **Opciones de la aplicación**, siga estos pasos:

1. Clic en la ficha **Archivo**.

2. Clic en **Opciones**.

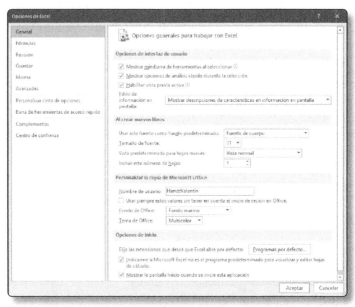

Figura 1.43. Cuadro de diálogo Opciones de Excel.

1.7.1 Deshabilitar la Pantalla Inicio

La pantalla Inicio es la primera interfaz que aparece ante nuestros ojos cuando abrimos cualquier aplicación de Office 2016 -también sucede en Office 2013- (véase "Conocer la interfaz de Office 2016"). En esta pantalla puede abrir un documento reciente, crear un documento nuevo en blanco, o a través de una plantilla. Sin embargo, muchos usuarios están acostumbrados a abrir una aplicación y que automáticamente se cree un documento nuevo en blanco, para ello, se puede deshabilitar la pantalla de Inicio. Para hacerlo siga estos pasos:

1. Clic en la ficha **Archivo** y clic en **Opciones**. Se abre el cuadro de diálogo Opciones de la aplicación.

2. A la izquierda del cuadro de diálogo, active la página **General**.

3. Busque la sección **Opciones de Inicio**.

4. Deshabilite con un clic la casilla **Mostrar la pantalla Inicio cuando se inicie esta aplicación**.

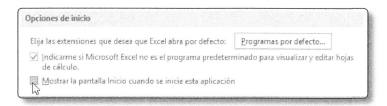

Figura 1.44. Desactivar la pantalla Inicio.

5. Clic en **Aceptar** del cuadro de diálogo **Opciones de la aplicación**.

La próxima vez que abra la aplicación, no aparecerá más la pantalla Inicio. En su lugar, se creará un nuevo documento.

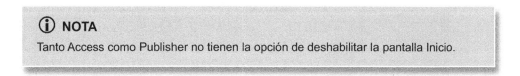

> **ⓘ NOTA**
>
> Tanto Access como Publisher no tienen la opción de deshabilitar la pantalla Inicio.

Para regresar la pantalla inicio a su normalidad, siga los pasos anteriores y active la casilla **Mostrar la pantalla Inicio cuando se inicie esta aplicación**.

1.7.2 Cambiar el idioma de la aplicación

El idioma de las aplicaciones de Office es sumamente importante en tres aspectos: la edición, la interfaz y la ayuda. Por ejemplo, cuando corrige algún texto en Word, hace uso del corrector ortográfico en idioma español, es por ello que, si escribe "*equibocar*", el corrector sugerirá "*equivocar*". También podrá notar -obvio que sí- que la interfaz de sus aplicaciones está en español, y asimismo la ayuda del sistema.

Todas las opciones de idioma se encuentran desde el cuadro de diálogo Opciones de la aplicación. Para abrirlo, siga estos pasos:

1. Clic en la ficha **Archivo**.

2. Clic en **Opciones**.

3. Clic en la página **Idioma**, tal como lo muestra la Figura 45.

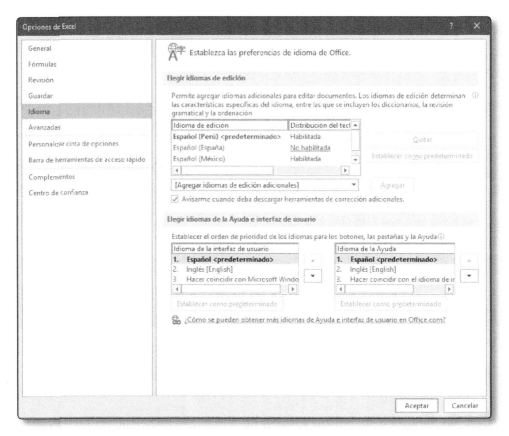

Figura 1.45. La página Idioma en el cuadro de diálogo Opciones de Excel.

En la sección **Elegir idioma de edición**, puede agregar varios idiomas, por ejemplo, el inglés. De esta manera puede escribir palabras en inglés y si se equivoca, el corrector intentará ayudarlo.

Por otro lado, en la sección **Elegir idioma de la Ayuda e interfaz de usuario**, solo aparece el español a menos que descargue e instale un paquete de idiomas. Si lo hace, puede entonces cambiar el idioma de la ayuda y de la interfaz de usuario.

Figura 1.46. Cinta de opciones de Excel 2016 en idioma inglés.

Si tiene instalado un paquete de idiomas, siga estos pasos para cambiar la interfaz a idioma inglés:

1. Dentro de la sección **Elegir idioma de la Ayuda e interfaz de usuario**, clic en la opción **Inglés**.

2. Clic en el botón **Establecer como predeterminado**.

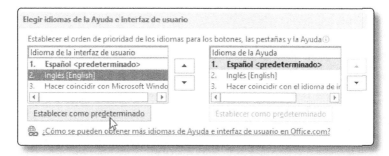

Figura 1.47. Cambiar el idioma de la interfaz a inglés.

3. Clic en **Aceptar**. Aparece un aviso indicando que debe reiniciar su aplicación para notar los cambios.

4. Clic en **Aceptar** del aviso y reinicie su aplicación.

ⓘ **NOTA**

Si desea instalar un paquete de idiomas, puede usar el siguiente enlace: *https://goo.gl/Gmluuf*

2

ADMINISTRAR SUS ARCHIVOS DE OFFICE

El término común para todos los **archivos** creados con sus aplicaciones de Office -en especial Word, Excel y PowerPoint- es *documentos*. Sin embargo, cada aplicación tiene un nombre especial para sus archivos. A los archivos de Word se les llaman documentos, a los de Excel libros y a los de PowerPoint presentaciones. Sea cual sea la aplicación que use, la creación, apertura y guardado de los archivos son técnicas similares que aprenderemos en este capítulo.

Por otro lado, el trabajo con Access y Outlook es algo diferente. Con Access primero debe crear un archivo -base de datos- y luego añadir los contenidos. Con Outlook ni siquiera va a crear archivos -aunque sí puede crear plantillas- ya que esta aplicación le ayudará a gestionar sus correos y otras tareas en lugar de crear contenido que se use una y otra vez.

Este capítulo lo guiará a través de las técnicas comunes para la creación de nuevos documentos, así como abrir o guardar documentos o incluso comprobar la compatibilidad de los mismos.

2.1 CREAR DOCUMENTOS

Cuando usa Word, Excel, PowerPoint o Access, la primera pantalla que aparece es la pantalla Inicio. Desde ese lugar puede crear un nuevo documento en blanco o a través de una plantilla prediseñada. La diferencia está que Access exige primero guardar el archivo y trabajar después, en tanto que Word, Excel y PowerPoint da la facilidad de trabajar primero y guardar el documento después.

2.1.1 Crear un documento en blanco

Un documento en blanco es un archivo que no tiene nada de contenido. Recuerde que el nombre documento es un término general para todos los archivos de Office y para Word. En Excel se crea un libro en blanco, y en PowerPoint una presentación en blanco. Puede usar estas técnicas para crear un documento nuevo en blanco.

En Word, Excel y PowerPoint

▶ Abrir la aplicación, y en la pantalla Inicio, hacer clic en **Documento en blanco** (Word), **Libro en blanco** (Excel) o **Presentación en blanco** (PowerPoint).

▶ Si la aplicación ya está abierta, clic en **Archivo | Nuevo**. Luego clic en **Documento en blanco** (Word), **Libro en blanco** (Excel) o **Presentación en blanco** (PowerPoint).

▶ Abrir la aplicación, y pulsar la tecla **Esc**.

En Access

▶ Abrir la aplicación, y en la pantalla Inicio, clic en **Base de datos del escritorio en blanco**. En la ventana de diálogo, agregue un nombre y clic en el botón **Crear**.

Figura 2.1. Ventana de diálogo para crear una base de datos en blanco.

▶ Si la aplicación ya está abierta, clic en la ficha Archivo | Nuevo y clic en **Base de datos del escritorio en blanco**. En la ventana de diálogo, agregue un nombre y clic en el botón **Crear**. Una vez creada, la base de datos anterior se cerrará.

2.2 CREAR UN DOCUMENTO A PARTIR DE UNA PLANTILLA

Una forma de ahorrar tiempo es usar una plantilla prediseñada. En Office encontrará gran variedad de plantillas de diversas temáticas para que solo pueda cambiar cierto contenido. En la pantalla **Inicio** o al hacer clic en **Archivo | Nuevo**, encontrará varias plantillas para elegir. Desplácese hacia abajo para encontrar más plantillas. Si ninguna de las plantillas es de su interés, aún puede intentar buscar una a través del cuadro **Buscar plantillas en línea**.

Figura 2.2. Lista de plantillas desde Archivo | Nuevo.

En el siguiente ejercicio vamos a aprender a crear un libro basado en una plantilla:

1. Abrir Excel 2016.

2. En la pantalla Inicio, desplácese hacia abajo para ver la lista de plantillas.

3. Clic en la plantilla **Seguimiento de asistencia de los empleados**. Se abre la ventana de diálogo de la vista previa de la plantilla.

4. Clic en el botón **Crear**. La plantilla comienza a descargarse y luego de unos segundos ya podrá hacer uso de la plantilla.

A continuación, creará un nuevo libro basado en otra plantilla.

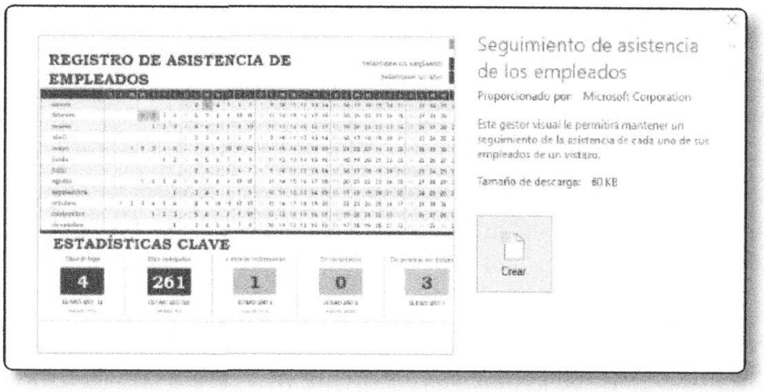

Figura 2.3. Ventana de diálogo de la vista previa de la plantilla.

5. Clic en la ficha **Archivo** y luego clic en la página **Nuevo**.

6. En el cuadro **Buscar plantillas en línea** escriba `Plan`.

7. Clic en el botón con un icono de lupa o pulse `Enter`. Excel le mostrará las plantillas que coincidan con la palabra Plan, tal como aparece a continuación.

Figura 2.4. Plantillas coincidentes con la búsqueda de la palabra Plan.

8. Clic en la plantilla **Planificador de clases diarias**.

9. En la ventana de diálogo que aparece, clic en el botón **Crear**.

   De esta manera ha creado dos libros basados en una plantilla.

10. Cierre sus libros sin guardar los cambios.

2.3 ABRIR ARCHIVOS

Si ya tiene archivos existentes, hay varias formas de poder abrirlos y seguir trabajando con ellos. Una de las formas más comunes es haciendo doble clic sobre el archivo, y tras unos segundos de espera, el contenido de su archivo se abrirá. Otra forma bastante sencilla es usar las listas de archivos recientes que aparecen en la pantalla **Inicio** o cuando hace clic en **Archivo | Abrir**. A continuación, aprenderá varias formas de abrir sus archivos existentes.

2.3.1 Abrir archivos locales

Es posible que la mayoría de sus archivos estén almacenados en algunas de las carpetas de su disco duro local, por ejemplo, en la carpeta Documentos. Para abrir sus archivos deberá saber exactamente su ubicación y usar alguna de estas dos técnicas.

> **En cualquiera de las aplicaciones de Office:**

1. Navegue hacia la carpeta donde se encuentra su archivo.

2. **Doble clic** sobre el archivo o **con el botón derecho haga clic** sobre el archivo y clic en **Abrir**. Unos segundos después se abrirá el contenido del archivo.

O

1. Clic en la ficha **Archivo** y clic en la página **Abrir**.

2. Dentro de la página **Abrir**, clic en **Este PC**.

3. Clic en la carpeta o carpetas donde están guardados sus archivos.

4. Por último, clic en el archivo que quiere abrir, tal como muestra la imagen.

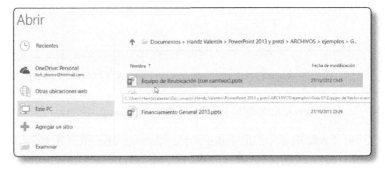

Figura 2.5. Navegar por las carpetas desde la página Abrir. En la parte superior derecha se muestra la ruta de ubicación del archivo.

O

1. Clic en la ficha **Archivo** y clic en la página **Abrir**.

2. Dentro de la página **Abrir**, clic en **Examinar**. Se abre el cuadro de diálogo **Abrir.**

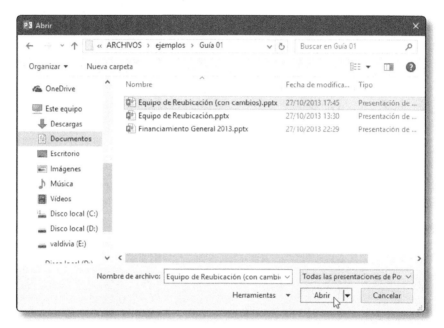

Figura 2.6. Cuadro de diálogo Abrir.

3. Navegue hasta la carpeta donde se encuentra su archivo.

4. Clic en el archivo que quiere abrir.

5. Por último, clic en el botón **Abrir**.

 NOTA

Use cualquiera de estas opciones para abrir archivos desde su memoria USB o cualquier disco extraíble.

2.3.2 Abrir archivos recientes

Solo aparecerán en la lista si ha trabajado recientemente con esos archivos. Para abrir alguno de los archivos recientes en cualquiera de las aplicaciones de Office siga estos pasos:

1. En la pantalla Inicio, en la lista de **Recientes**, clic en el archivo de la lista.

2. Si no encuentra el archivo en la lista, clic en el enlace **Abrir otros**.

3. Ahora, clic en el archivo de la lista **Recientes**.

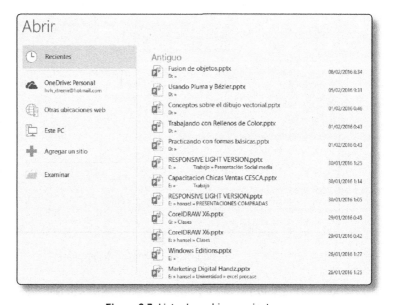

Figura 2.7. Lista de archivos recientes.

O

1. Clic en la ficha **Archivo**.

2. Clic en **Abrir**.

3. Clic en **Recientes**.

4. Clic en el archivo de la lista **Recientes.**

Dentro de la lista de archivos recientes, si señala alguno de los documentos
listados, verá que a la derecha se muestra el icono de una chincheta. Haga clic en la
chincheta para anclar el documento a la lista de recientes y tenerlo permanentemente.

2.3.3 Abrir archivos desde la Nube

Ya en el primer capítulo de este libro se explicó cómo Microsoft está
incentivando, a través de varios servicios, el uso de la nube. Si tiene guardado
documentos en OneDrive, puede abrir esos archivos sin problemas. Antes de poder
abrir cualquier archivo, debes iniciar sesión con tu cuenta Microsoft o conectarte a
un servicio (véase el Capítulo 1: "Conocer Office 2016").

Para cualquiera de las aplicaciones de Office, siga estos pasos:

1. Clic en la ficha Archivo y clic en la página Abrir.

2. Clic en **OneDrive: Personal**.

3. Clic en la carpeta o carpetas donde están guardados sus archivos.

4. Por último, clic en el archivo que quiere abrir.

2.3.4 Hazlo tú mismo

En este ejercicio usaremos los archivos **Marketing Online.pptx** y **Equipo
de reubicación.pptx** ubicado en **C: | OfficeData | Capítulo 2.**

1. Navegue hasta su carpeta Capítulo 2 y abra la presentación **Equipo de reubicación.pptx**.

2. Active la página **Abrir** desde la ficha **Archivo** y desde ahí abra la presentación **Marketing Online.pptx**.

3. Cierre el archivo **Equipo de reubicación.pptx**.

4. En la lista de Recientes, ancle la presentación **Equipo de reubicación. pptx**.

5. Por último, nuevamente abra el archivo **Equipo de reubicación.pptx** desde la lista **Recientes**.

2.4 GUARDAR ARCHIVOS

Casi todas las aplicaciones de Office 2016 tienen el mismo método para guardar un archivo. Puede comenzar un documento en blanco, trabajar el contenido, y luego, después de cinco minutos, guardarlo. Por otro lado, Access te obliga a guardar primero la base de datos para luego comenzar a trabajar en el contenido.

Para guardar sus archivos debe tener en cuenta tres cosas: la ubicación, el nombre y el tipo de archivo. La Tabla 2. 1 muestra los tipos de archivos principales para sus aplicaciones de Office:

Aplicación	Extensión principal	Tipo de archivo
Word	.docx	Documento de Word
Excel	.xlsx	Libro de Excel
PowerPoint	.pptx	Presentación de PowerPoint
Access	.accdb	Base de datos de Access

Tabla 2. 1. Lista de extensiones principales de Office 2016.

A continuación, conocerá varias formas de guardar sus archivos.

2.4.1 Guardar por primera vez

Guardar un archivo permite almacenar el trabajo permanentemente y usarlo cada vez que se necesite para hacer cambios. Si no guarda el archivo, corre el riesgo de perder todo el esfuerzo. Imagínese que ha pasado toda la noche escribiendo el informe de fin de mes. Sería una pena que la aplicación falle y se cierre el documento sin guardar. Cada vez que tenga la sensación de haber hecho algo muy importante en tu documento y no quiere perderlo, debe hacer clic en el botón **Guardar**.

Cuando va a guardar un archivo por primera vez, debe agregar un nombre que identifique al documento, elegir una carpeta donde será almacenado, y el formato de archivo. Existen varias técnicas para guardar un archivo por primera vez, para hacerlo, siga estos pasos:

A través de la página Guardar como en Word, Excel y PowerPoint

1. Acceder a la página **Guardar como**. Puede hacerlo a través de:

   - Clic en el botón **Guardar** ubicado en la barra de herramientas de acceso rápido

   - Clic en la ficha **Archivo**, y luego clic en **Guardar**.

   - Clic en la ficha **Archivo**, y clic directamente en **Guardar como**.

2. Clic en la opción **Este PC**.

   - Dé un vistazo a la derecha. Por defecto, su archivo se guardará en **Documentos**.

   - Si desea guardar en otra carpeta, use las carpetas que se encuentran por debajo de esa sección.

3. Clic en el cuadro **Escriba aquí su nombre de archivo** y escriba un nombre con el que se guardará su archivo.

4. Debajo, verifique que el tipo de archivo sea el correcto.

5. Clic en el botón **Guardar**.

Figura 2.8. Guardar su archivo desde la página Guardar como.

A través del cuadro de diálogo Guardar como en Word, Excel y PowerPoint

1. Acceder a la página **Guardar como**. Puede hacerlo a través de:

   - Clic en el botón **Guardar** ubicado en la barra de herramientas de acceso rápido.

   - Clic en la ficha **Archivo**, y luego clic en **Guardar**.

   - Clic en la ficha **Archivo**, y clic directamente en **Guardar como**.

2. Clic en **Examinar**. Se abre el cuadro de diálogo **Guardar como**.

3. Navegue hasta la carpeta donde guardará su archivo.

4. En el cuadro **Nombre de archivo**, escriba un nombre con el que se guardará su archivo.

5. En el cuadro **Tipo**, verifique que esté seleccionado el formato correcto.

6. Clic en **Guardar**.

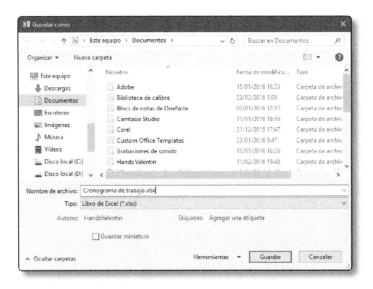

Figura 2.9. Cuadro de diálogo Guardar como.

> **ⓘ NOTA**
>
> Otra forma de acceder al cuadro de diálogo *Guardar como* es pulsando la tecla F12.

1. En la pantalla **Inicio** o desde **Archivo | Nuevo,** clic en **Base de datos del escritorio en blanco**.

2. En la ventana de diálogo, en el cuadro **Nombre de archivo**, escriba un nombre para su base de datos.

3. Aunque la base de datos se guardará por defecto en la carpeta **Documentos,** puede hacer clic en el icono de la carpeta y cambiar de ubicación.

4. Clic en el botón **Crear**.

2.4.2 Guardar los cambios

Después de haber puesto un nombre, elegir la carpeta, y haber seleccionado el tipo de archivo, la próxima vez que quiera guardar será más fácil. Cuando hace algún cambio al contenido del documento, no necesita realizar todo el proceso de guardado como lo hizo en el tema anterior, solo necesitará guardar los cambios realizados. A esta acción algunos usuarios lo llaman **actualizar el archivo**.

Para guardar los cambios en el documento actual siga siga cualquiera de estos pasos:

▶ Pulse `Ctrl+G`.
▶ Clic en la ficha **Archivo**, y clic en **Guardar**.
▶ Clic en el botón **Guardar** de la barra de herramientas de acceso rápido.

> **ⓘ NOTA**
>
> En Access la base de datos se guarda automáticamente. Lo que sí debe guardar individualmente son los objetos, como las tablas, consultas o formularios.

2.4.3 Guardar en otra ubicación

La primera vez que guarda un archivo debe elegir una ubicación. Cuando agrega más contenido al archivo y guarda los cambios, todo se hace en la misma ubicación. Sin embargo, para mayor seguridad, puede guardar una copia de su archivo en otra carpeta o en un disco extraíble. Para guardar su archivo en otra ubicación debe activar nuevamente las opciones de **Guardar como**. Para hacerlo, siga estos pasos:

1. Clic en la ficha Archivo.

2. Clic en la página **Guardar como**.

3. Dentro de la página Guardar como, clic en **Examinar**.

(i) NOTA

También puede pulsar la tecla F12 para activar rápidamente el cuadro de diálogo Guardar como.

---

4. Dentro del cuadro de diálogo **Guardar como**, seleccione otra carpeta donde desea guardar su archivo. Si lo requiere, cambie el nombre de archivo.

5. Clic en el botón **Guardar**.

2.4.4 Guardar archivo con formato clásico

Aunque ya han pasado varios años desde que las aplicaciones de Office cambiaron sus extensiones de archivo, aún algunas empresas o usuarios están utilizando versiones antiguas, como el Office 2003.

Si guarda un documento con alguno de los tipos de archivos principales de Office 2016 (vea la tabla 2.1) y después comparte el archivo con otro usuario que tenga Office 2003, lo más seguro es que este usuario no pueda abrirlo debido a la incompatibilidad de formatos.

Por suerte, se pueden guardar los archivos creados en Office 2016 en formatos clásicos para que sea compatible con versiones antiguas de Office. La Tabla 2. 2 lista las extensiones clásicas de las versiones antiguas de Office.

Aplicación	Extensión clásica	Tipo de archivo
Word	.doc	Documento de Word 97-2003
Excel	.xls	Libro de Excel 97-2003
PowerPoint	.ppt	Presentación de PowerPoint 97-2003
Access	.mdb	Base de datos de Access 2002-2003

Tabla 2. 2. Lista de extensiones clásicas para versiones antiguas de Office.

Para guardar sus archivos con compatibilidad para versiones anteriores, siga estos pasos:

En Word, Excel y PowerPoint

1. Clic en la ficha **Archivo** y clic en la página **Guardar como**.

2. Clic en **Este PC**.

3. A la derecha, debajo del nombre de archivo, seleccione de la lista desplegable la opción **Documento de Word 97-2003** o **Libro de Excel 97-2003** o **Presentación de PowerPoint 97-2003**, tal como lo muestra la Figura 2. 10.

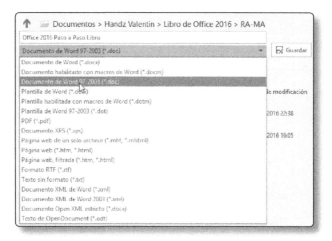

Figura 2.10. Elegir el tipo de archivo Documento de Word 97-2003.

4. Si es necesario, cambie el nombre o la ubicación del archivo.

5. Haga clic en **Guardar**.

O

1. Clic en la ficha **Archivo | Guardar como | Examinar**, o pulse F12. Se abre el cuadro de diálogo **Guardar como**.

2. En **Tipo**, seleccione **Documento de Word 97-2003** o **Libro de Excel 97-2003** o **Presentación de PowerPoint 97-2003**.

3. Si es necesario, cambie el nombre o la ubicación del archivo.

4. Haga clic en **Guardar**.

O

1. Clic en la ficha Archivo y clic en la página **Exportar**.

2. Clic en la opción **Cambiar tipo de archivo**.

3. En la sección **Cambiar el tipo de archivo**, seleccione **Documento de Word 97-2003** o **Libro de Excel 97-2003** o **Presentación de PowerPoint 97-2003**, tal como lo muestra la Figura 2. 11.

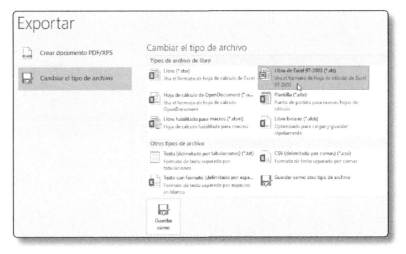

Figura 2.11. Cambiar el tipo de archivo desde la página *Exportar*. (Excel 2016).

4. Clic en **Guardar como**. Se abre el cuadro de diálogo **Guardar como**.

5. Si es necesario, cambie el nombre o la ubicación del archivo.

6. Haga clic en **Guardar**.

Es posible que al guardar sus archivos con un formato compatible aparezca el cuadro de diálogo **Comprobador de compatibilidad** indicando que algunas características serán deshabilitadas para evitar inconvenientes con versiones antiguas de Office. Haga clic en **Continuar** para guardar el archivo de todas formas. Para más información véase "Comprobar compatibilidad" más adelante en este capítulo.

En Access

1. Clic en la ficha **Archivo** y clic en la página **Guardar como**.

2. Clic en **Guardar base de datos como**.

3. En la sección Guardar base de datos como, clic en **Base de datos de Access 2002-2003**.

4. Clic en **Guardar como**. Si la base de datos es lo suficientemente compatible para guardarlo en un formato clásico, aparece el cuadro de diálogo Guardar como y podrá guardar el archivo. Caso contrario, aparece un mensaje indicando que la base de datos no es compatible para tal acción.

2.4.5 Guardar archivos en la Nube

Guardar tus archivos en la nube es una forma bastante flexible de acceder a tu información en cualquier momento y lugar. Si tiene una cuenta Microsoft, entonces ya tiene un disco de almacenamiento en nube llamado **OneDrive**. Puede usar OneDrive para guardar sus documentos, acceder a ellos desde cualquier dispositivo y compartirlos por Internet. También, puede usar la nube para guardar una copia de seguridad de sus documentos locales.

Para guardar sus archivos en la nube siga estos pasos:

1. Clic en la ficha **Archivo** y clic en **Guardar como**.

2. Dentro de la página **Guardar como**, clic en **OneDrive: Personal**.

3. A la derecha, agregue un nombre y seleccione el tipo de archivo.

4. Si es necesario, elija con un clic alguna de las carpetas que haya creado en OneDrive.

5. Clic en **Guardar**.

2.4.6 Guardar archivos con contraseña

Para proteger su información de posibles robos o cambios no autorizados, puede añadir contraseñas a sus archivos. Existen dos tipos de contraseñas que se pueden aplicar a los archivos:

▼ **Apertura:** Permite aplicar una contraseña al abrir el documento. Si no agrega la contraseña correcta, entonces el documento no se abrirá.

▼ **Escritura:** Permite aplicar una contraseña para que pueda editar un documento. Si no sabe la contraseña, puede elegir el **Modo lectura** para leer el contenido, más no puede guardar los cambios.

Para añadir una contraseña de apertura siga estos pasos:

En Word, Excel y PowerPoint

1. Seleccione **Archivo | Guardar como | Examinar**. O también pulse *F12*.

2. En el cuadro de diálogo **Guardar como,** clic en **Herramientas**.

3. Clic en **Opciones Generales**. Se abre el cuadro de diálogo **Opciones generales**.

4. En el cuadro **Contraseña de apertura** invente una contraseña.

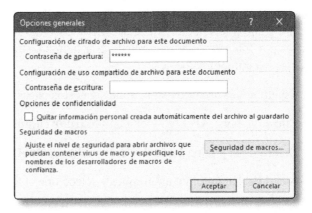

Figura 2.12. Cuadro de diálogo Opciones generales. (PowerPoint 2016).

5. Clic en **Aceptar**. Se abre el cuadro de diálogo **Confirmar contraseña**.

6. En el cuadro **Volver a escribir la contraseña de apertura**, escriba la contraseña que inventó en el **paso 4**.

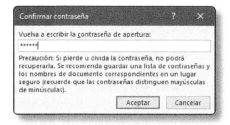

Figura 2.13. Cuadro de diálogo Confirmar contraseña. (PowerPoint 2016).

7. Clic en **Aceptar**. Nuevamente se muestra el cuadro de diálogo Guardar como.

8. Si es necesario, agregue un nombre o cambie la ubicación de su archivo. Haga clic en **Guardar**.

Para añadir una contraseña de escritura siga estos pasos:

En Word, Excel y PowerPoint

1. Seleccione **Archivo | Guardar como | Examinar**. O también pulse *F12*.

2. En el cuadro de diálogo **Guardar como,** clic en **Herramientas**.

3. Clic en **Opciones Generales**. Se abre el cuadro de diálogo **Opciones generales**.

4. En el cuadro **Contraseña de escritura** invente una contraseña.

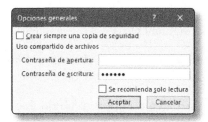

Figura 2.14. Cuadro de diálogo Opciones generales. (Excel 2016).

5. Clic en **Aceptar**. Se abre el cuadro de diálogo **Confirmar contraseña**.

6. En el cuadro **Volver a escribir la contraseña de escritura**, escriba la contraseña que inventó en el **paso 4**.

7. Clic en **Aceptar**. Nuevamente se muestra el cuadro de diálogo Guardar como.

8. Si es necesario, agregue un nombre o cambie la ubicación de su archivo. Luego, clic en **Guardar**.

La próxima vez que abra el archivo, deberá escribir la contraseña de apertura -para abrir y ver el contenido- y/o escritura -para editar el archivo-. Si no recuerda la contraseña de apertura no podrá abrir el archivo para nada. Por otro lado, si olvida la contraseña de escritura, aún puede hacer clic en el botón **Solo lectura** para poder ver el contenido mas no editarlo.

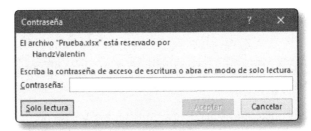

Figura 2.15. Cuadro de diálogo Contraseña de apertura. Use el botón Solo lectura para ver el contenido sin editarlo.

2.4.7 Hazlo tú mismo

En este ejercicio se usarán los archivos **Plan de trabajo.docx** y **Oso de anteojos.docx** ubicado en **C: | OfficeData | Capítulo 2**.

1. Abrir la aplicación Word 2016 y cree un nuevo documento en blanco.

2. Escriba el siguiente texto: `Informe de Plan General 2016`.

3. Guarde el documento con el nombre **Plan General.docx** en la carpeta **Documentos**. Luego cierre el documento.

4. Abrir el documento **Plan de trabajo.docx**.

5. Clic en la ficha **Diseño**, y en el grupo **Formato del documento**, clic en la galería **Temas**.

6. Seleccione el tema **Faceta**. Vea cómo ha cambiado el diseño del documento.

7. Guarde los cambios del documento.

8. Ahora, guarde el documento con el formato de compatibilidad 97-2003. Luego, cierre el documento.

9. Abrir el documento **Oso de anteojos.docx**.

10. Guarde una copia del documento en el **Escritorio** con el nombre **Copia de Oso de anteojos.docx**.

11. Aplique una contraseña de apertura al documento **Copia de Oso de anteojos.docx** y guarde los cambios.

2.5 CERRAR UN ARCHIVO

Si ya no necesita trabajar con un archivo por hoy, simplemente ciérrelo. Cerrar un archivo es muy diferente que cerrar la aplicación. Cuando hace clic en el botón Cerrar -el botón con una X- del área de los botones de control, tanto el archivo como la aplicación se cierran. En cambio, si hace clic en la ficha Archivo y luego clic en Cerrar, tal como se muestra en la imagen, se cierra solo el archivo mientras que la aplicación sigue abierta.

> **(i) NOTA**
>
> También puede pulsar Ctrl+F4 para cerrar solo el archivo.

Figura 2.16. Cerrar un archivo.

Si no ha guardado los cambios en el archivo, aparece un cuadro de diálogo preguntándole si quiere guardar. Puedes elegir entre las tres opciones: **Sí**, **No guardar** y **Cancelar**.

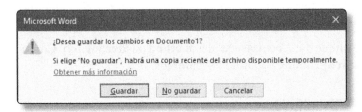

Figura 2.17. Cuadro de diálogo que le pregunta si desea guardar los cambios.

2.6 EXPORTAR ARCHIVOS A PDF Y/O XPS

Tanto los PDF como los XPS son tipos de archivos que mantienen el diseño fijo sin darle oportunidad al usuario de hacer algún cambio, esto ayuda a preservar el contenido y el formato del documento.

Cuando se exportan los archivos a PDF o XPS, se necesita una aplicación que permita ver su contenido. En Windows 10, ya se ha incorporado un visor de XPS. Para los archivos PDF, podemos descargar una aplicación desde la tienda de Windows que permita ver archivos PDF.

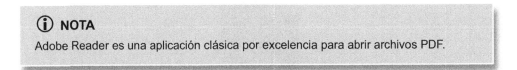

ⓘ NOTA

Adobe Reader es una aplicación clásica por excelencia para abrir archivos PDF.

Para exportar un documento a PDF y/o XPS siga estos pasos:

En Word, Excel y PowerPoint

1. Clic en la ficha **Archivo** y clic en la página **Exportar**.

2. Dentro de la página Exportar, clic en **Crear documento PDF/XPS**.

3. Luego, clic en el botón **Crear documento PDF/XPS**, tal como lo muestra la Figura 2. 18. Se abre el cuadro de diálogo **Publicar como PDF o XPS**.

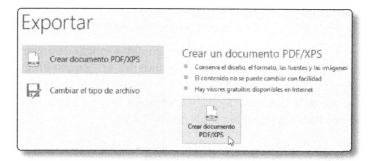

Figura 2.18. Exportar documento a PDF y/o XPS.

4. En el cuadro de diálogo **Publicar como PDF o XPS**, elija una ubicación y un nombre de archivo, tal como lo muestra la Figura 2. 19.

5. Por último, clic en **Publicar**.

> **ⓘ NOTA**
>
> Desde la versión 2013, la aplicación Word permite abrir y editar documentos en PDF. Para abrir el documento en PDF debe ir a *Archivo | Abrir | Examinar*, y luego seleccionar su archivo PDF.

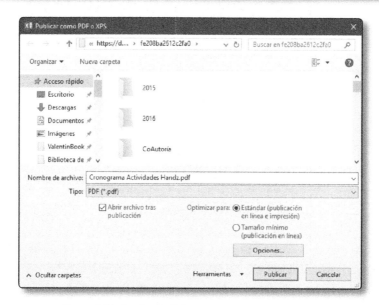

Figura 2.19. Cuadro de diálogo Publicar como PDF o XPS.

2.7 COMPROBAR COMPATIBILIDAD

Cuando guarda su documento en un formato compatible con versiones anteriores de Office, la aplicación comprueba la compatibilidad y te avisa que características serán eliminadas o cambiadas cuando pasa de una versión a otra. Si lo desea, puede adelantarse a ello y comprobar por sí mismo la compatibilidad del documento. Para hacerlo, siga estos pasos:

> **En Word, Excel y PowerPoint**

1. Clic en la ficha **Archivo** y clic en la página **Información**.

2. En la página Información, clic en **Comprobar si hay problemas**.

3. De la lista desplegable, clic en **Comprobar compatibilidad**. Se abre el cuadro de diálogo **Comprobador de compatibilidad**.

4. Dentro del cuadro de diálogo, verifique la información del área **Resumen**. Revise qué características serán eliminadas cuando cambia de una versión nueva a una clásica.

5. Si ha leído la información y todo está correcto, haga clic en **Aceptar**.

Figura 2.20. Cuadro de diálogo Comprobador de compatibilidad. (Excel 2016)

2.7.1 Convertir archivo al nuevo formato

Desde la versión de Office 2007 los formatos clásicos (doc, xls y ppt) cambiaron por nuevos y mejorados formatos (docx, xlsx y pptx). Estos nuevos formatos traen ciertas ventajas, una de ellas es que los archivos son más livianos que los clásicos.

Cuando abre un documento creado con cualquier versión anterior a Office 2016 -no solo Office 2003 sino también Office 2013, Office 2010 y Office 2007- el área de título muestra el texto **[Modo de compatibilidad]**. Esto significa que algunas características de Office 2016 se han deshabilitado o no funcionan a todo su potencial. Si tiene un archivo que aparezca con el texto **[Modo de compatibilidad]** y quiere usar todo el potencial de la nueva versión 2016, siga estos pasos:

En Word, Excel y PowerPoint

1. Clic en la ficha **Archivo** y clic en la página **Información**.

2. Dentro de la página **Información**, clic en el botón **Convertir**. Aparece un mensaje de aviso.

3. El mensaje de aviso le indica que el archivo se convertirá a la nueva versión. Clic en **Aceptar**.

Figura 2.21. Convertir archivo a la nueva versión y activar todas las características.

(i) **NOTA**

Si está usando un archivo con formato clásico y usa el convertidor, el archivo original se eliminará por completo y a partir de ahora tendrá la extensión nueva.

2.8 ADMINISTRAR VERSIONES

Aunque ya sepa que debe guardar cada cierto tiempo su documento, a veces suceden cosas que se nos escapan de las manos. Un corte de energía, una aplicación que se cierra inesperadamente o se cuelga y que lo obliga a cerrar el documento, o simplemente el haber cerrado el documento y que tu dedo haya dado clic en **No guardar** mientras tu mente decía que le des clic en **Sí**. Cualquiera de estos casos puede ser el común denominador, y por ello Office presenta dos opciones importantes: La Autorecuperación y el Autoguardado.

En Word, Excel y PowerPoint la autorecuperación de documentos se da cada diez minutos. La autorecuperación es solo una copia del archivo, este no reemplaza al archivo actual. Para cambiar el tiempo de autorecuperación siga estos pasos:

1. Clic en la ficha **Archivo** y clic en **Opciones**. Se abre el cuadro de diálogo Opciones de la aplicación.

2. Clic en la página **Guardar**.

3. En la sección **Guardar libros**, verifique que esté activa la casilla **Guardar información de Autorecuperación cada *nn* minutos**.

4. En el cuadro de minutos, cambie el número de minutos que crea conveniente.

5. Haga clic en **Aceptar**.

Por otro lado, el autoguardado está basado a las versiones de los documentos. Por ejemplo, si ha trabajado el documento en diferentes intervalos de tiempo y aún no lo ha guardado, se van creando versiones autoguardadas de los mismos, eso quiere decir que puede recuperar un documento que se trabajó a las 17:08 horas y a las 23:46 horas y revisar sus cambios, tal como aparece a continuación.

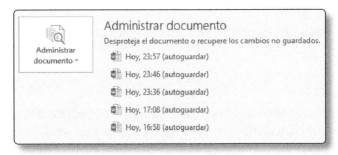

Figura 2.22. Versiones autoguardadas de un documento.

Para recuperar las versiones debe activar la casilla **Conservar la última versión autoguardada cuando se cierra sin guardar** desde el cuadro de diálogo **Opciones de la aplicación | Guardar | sección Guardar libros**.

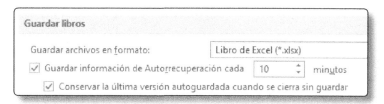

Figura 2.23. Opciones para autorecuperar y autoguardar documentos.

3

CONOCER TÉCNICAS FUNDAMENTALES Y DE COLABORACIÓN

Desde hace muchos años las aplicaciones de Office se han estandarizado. La mayoría de ellas tienen comandos bastante comunes para realizar ciertas acciones. Por ejemplo, para ver más de cerca el contenido de un documento, puedes usar el *Zoom*, o si has cometido un error, puedes regresar a un estado anterior con el comando *Deshacer*. En este capítulo conocerá muchas de las operaciones fundamentales que se realizan en las aplicaciones de Office 2016.

3.1 DESHACER UNA ACCIÓN

Mientras trabaja en un documento pueden ocurrir varias cosas. Por ejemplo, en Word puede haber escrito un párrafo completo y luego se da cuenta que no le gustó, o puede haber aplicado ciertos formatos y unos segundos después decide que no van con su estilo personal. Si ya ha realizado ciertas acciones en el documento, puede retroceder esas acciones con el comando **Deshacer** ubicado en la barra de herramientas de acceso rápido o pulsando `Ctrl+Z`.

Cuando el comando Deshacer muestra una flecha a la derecha, indica que puede desplegar un menú con las acciones que ha realizado en el documento.

ⓘ NOTA

Tenga en cuenta que deshacer una acción hace que otras acciones también desaparezcan, por ejemplo, si ha seleccionado la acción 15 de la lista de Deshacer, entonces las 14 acciones más recientes también se deshacen.

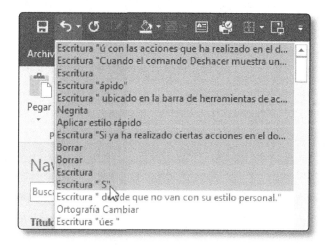

Figura 3.1. Menú de acciones del comando Deshacer.

3.2 REHACER Y REPETIR

El botón **Rehacer** cambia a **Repetir** y viceversa cuando realiza acciones en el documento. Por ejemplo, cuando ha utilizado el comando **Deshacer** al menos una vez, se activa el comando **Rehacer** el cual permite mostrar nuevamente la acción descartada. Cuando se aplica un formato, por ejemplo, se activa el comando **Repetir**. Al hacer clic sobre **Repetir** en algún texto seleccionado, este hereda la última **acción**.

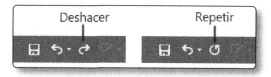

Figura 3.2. Comandos Deshacer y Repetir.

3.3 APLICAR ZOOM

El Zoom permite acercarse o alejarse de la vista de un documento. Cuando necesita ver detalladamente un elemento, por ejemplo, un gráfico SmartArt con textos muy pequeños, puede hacer un acercamiento (zoom in) y ver los textos que no se puede notar a simple vista. También puede hacer un alejamiento (zoom out) para dar un vistazo general a las páginas del documento.

Para aplicar Zoom puede usar el deslizador que se encuentra a la derecha en la barra de estado. Puede hacer clic en el signo menos para reducir el zoom, o clic en el signo más para aumentarlo. A la derecha se muestra el nivel de zoom que está aplicando, y si hace clic sobre él, se abrirá el cuadro de diálogo **Zoom**.

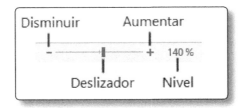

Figura 3.3. Partes del deslizador de Zoom.

También encontrará opciones basados en el Zoom desde la ficha **Vista**, dentro del grupo **Zoom**. La siguiente lista muestra las opciones del grupo **Zoom** en diferentes aplicaciones de Office:

- ▶ **Zoom:** Muestra el cuadro de diálogo Zoom el cual permite especificar el nivel de Zoom.

- ▶ **100%:** Permite aplicar un zoom al 100% del tamaño normal del documento.

- ▶ **Una página (Solo en Word):** Ajusta el documento para que se vea toda una página en la pantalla.

- ▶ **Varias páginas (Solo en Word):** Ajusta el documento para que se vea dos o más páginas en la pantalla.

- ▶ **Ancho de página:** Ajusta el zoom del documento para que el ancho de página coincida con el ancho de la ventana.

▷ **Ajustar a la ventana (solo en PowerPoint):** Ajusta la vista de la presentación a la ventana. Esta acción está basada a la resolución de pantalla que permite establecer un nivel de Zoom.

▷ **Objeto seleccionado (Solo en Publisher):** Ajusta el zoom a un objeto que ha sido seleccionado para que se muestre en toda la pantalla.

▷ **Ampliar la selección (Solo en Excel):** Ajusta el Zoom a un rango seleccionado para que este se muestre en toda la pantalla.

En el siguiente ejercicio aprenderá a utilizar el Zoom en Word 2016:

> (i) **NOTA**
>
> Abrir el documento *Contenidos.docx* ubicado en *C: | OfficeData | Capítulo* 3.

1. Clic en la ficha **Vista**, y en el grupo **Zoom**, clic en **Una página**. Observe como se muestra una sola página en la ventana de Word.

2. En el mismo grupo **Zoom**, clic sobre el comando **Varias páginas**. Ahora se muestran varias páginas. La cantidad de páginas a mostrar dependerá del tamaño de su pantalla y de que no esté abierto algún panel.

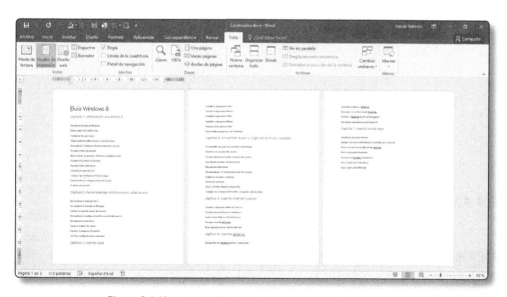

Figura 3.4. Ventana de Word mostrando varias páginas a la vez.

3. Para volver a ver la vista de la página en un tamaño regular, clic en el comando **100%.**

4. Clic en el comando **Zoom** y dentro del cuadro de diálogo **Zoom**, clic en el botón **Varias páginas.**

5. Clic en el botón con icono de monitor y seleccione **1 x 2**, tal como lo muestra la Figura 3. 5.

6. Clic en **Aceptar**. Observe cómo se muestran dos páginas a la vez. Aún si hubiera paneles que obstaculicen la vista, Word se ajustará para mostrar dos páginas.

Figura 3.5. Cuadro de diálogo Zoom mostrando páginas en una vista 1 X 2.

7. Guarde los cambios y cierre Word.

3.4 ADMINISTRAR VENTANAS

Cuando trabaja con una aplicación de Office lo hace en una sola ventana. Pero en ocasiones, debe trabajar en varias secciones de su documento y una sola ventana no siempre ayuda; debería haber métodos más productivos para trabajar en varias partes de su documento y para buena suerte las hay, y están en la ficha **Vista**, dentro del grupo **Ventana**.

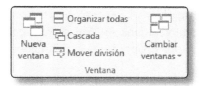

Figura 3.6. Grupo Ventana (PowerPoint 2016).

(i) **NOTA**

En esta sección se explicarán sobre los comandos comunes en el grupo Ventana.

3.4.1 Nueva ventana

El comando **Nueva ventana** permite abrir la misma presentación en otra ventana. Prácticamente tendría lo mismo en dos ventanas, pero tenga la mente abierta. Tener lo mismo en dos ventanas no necesariamente significa tener la misma sección o la misma vista de un documento. Por ejemplo, puede estar editando el contenido del capítulo 1 en una ventana, y editar el contenido del capítulo 8 en otra ventana. Otro ejemplo es tener una vista normal en una ventana y la vista esquematizada en otra ventana.

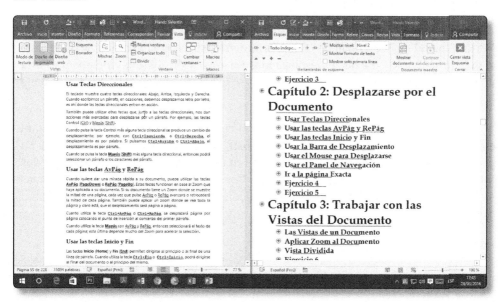

Figura 3.7. Vista en paralelo. A la izquierda muestra el documento en vista Diseño de impresión y a la derecha el mismo documento en vista Esquema (Word 2016).

Si tiene una sola pantalla y esta es algo pequeña, quizá le resulte incómodo trabajar con dos ventanas a la vez. Una solución es comprar una pantalla de mayor tamaño o mejor aún, conectar dos pantallas a su ordenador.

Recuerde, es un solo documento dividido en dos ventanas. Por lo tanto, todo cambio que haga en alguna de las ventanas afectará al documento en sí. Cuando activa una nueva ventana, en el área de título aparecerá el mismo nombre del archivo. La única diferencia es que mostrará el número de ventana, por ejemplo, si el documento se llama **Trabajo**, aparecerá en el área de título de sus ventanas: **Trabajo:1** y **Trabajo:2**.

Para activar una nueva venta siga estos pasos:

1. Clic en la ficha **Vista**.

2. En el grupo **Ventana**, clic en **Nueva ventana**.

3.4.2 Organizar ventanas

Si tengo dos ventanas de un mismo documento, ¿cómo las organizo? Dentro del grupo **Ventana** está el comando **Ver en paralelo**. Este comando coloca dos ventanas una al lado de la otra) o una encima de otra, ideal para revisar y comparar el contenido de sus documentos (solo en Word y Excel).

Cuando las ventanas están posicionadas después de hacer clic en el comando **Ver en paralelo**, el comando **Desplazamiento sincrónico** se activa. Con este comando activado puede ir desplazándose a través de los dos documentos a la misma vez. Por ejemplo, si en una ventana se desplaza hacia abajo, la otra ventana hará lo mismo.

Otro comando que está disponible en el grupo **Ventana**, y que se encuentra en Word, Excel y PowerPoint es **Organizar todo**. A diferencia de la vista en paralelo, con este comando podrá organizar -en una vista horizontal o vertical- todos los documentos abiertos de una aplicación. Por ejemplo, si ha abierto tres ventanas de PowerPoint, las tres se colocarán en vertical, tal como aparece a continuación.

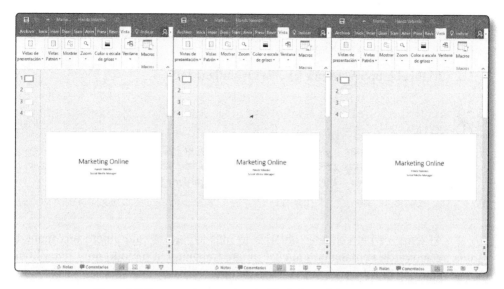

Figura 3.8. Ventanas de una presentación de PowerPoint organizadas.

Para ver ventanas en paralelo siga estos pasos:

1. Clic en la ficha **Vista**.

2. En el grupo **Ventana**, clic en **Ver en paralelo**. Se abre el cuadro de diálogo **Comparar en paralelo**.

3. En **Comprar en paralelo con**, clic en la ventana con la cual quiere comparar.

4. Clic en **Aceptar**.

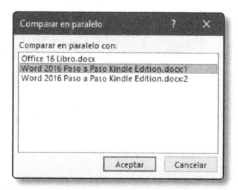

Figura 3.9. Cuadro de diálogo Comparar en paralelo. (Word 2016).

Para organizar todas las ventanas a la vez, siga estos pasos:

1. Clic en la ficha **Vista**.

2. En el grupo **Ventana**, clic en **Organizar todo.**

> ### (i) NOTA
>
> Para volver las ventanas a su normalidad puede hacer clic nuevamente en el botón *Ver en paralelo* si está activada la vista en paralelo. También, puede maximizar directamente la ventana si ha usado el comando *Organizar todo*.

Al tener varias ventanas abiertas lo más seguro es que quiera una manera rápida de activar la ventana con la cual quiere trabajar. Un método muy sencillo es usar el botón de la aplicación en la barra de tareas y hacer clic sobre la ventana del documento. Otra forma es usando el comando **Cambiar ventanas** ubicado en el grupo **Ventana** de la ficha **Vista**.

Para cambiar entre ventanas siga estos pasos:

1. Señale el botón de la aplicación en la barra de tareas. Se mostrarán miniaturas de las ventanas.

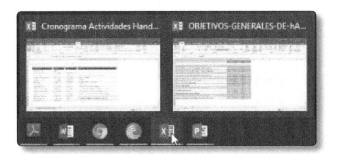

Figura 3.10. Miniaturas de las ventanas. (Excel 2016).

2. Clic en la ventana con la que desee trabajar.

O

1. Clic en la ficha Vista.

2. En el grupo Ventana, clic en **Cambiar ventanas**. Se despliega un menú.

3. Dentro del menú, clic en la ventana con la cual desea trabajar.

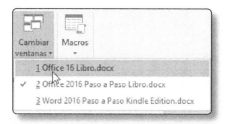

Figura 3.11. Elegir del menú Cambiar ventanas la ventana con la cual quiere trabajar.

3.5 COMPARTIR CON OTROS USUARIOS

Las aplicaciones de Office tienen herramientas que hacen fácil compartir sus documentos con otros usuarios. Por ejemplo, puede guardar un documento en OneDrive y compartirlo con otras personas. También, puede enviar un mensaje de correo electrónico con el documento adjunto sin necesidad de abrir antes Outlook. Incluso puede publicar sus documentos en línea para que otros usuarios puedan ver el contenido en vivo.

Compartir con otras personas (Word, Excel y PowerPoint):

1. Clic en la ficha **Inicio**, clic en la página **Compartir**

2. Clic en **Compartir con otras personas.**

3. Clic en **Guardar en la nube**.

4. Guarde en su OneDrive personal.

Enviar documento adjunto por correo electrónico (Word, Excel y PowerPoint):

1. Clic en la ficha **Inicio**, clic en la página **Compartir**

2. Clic en **Correo electrónico**.

3. Clic en **Enviar como datos adjuntos**. Se abre la ventana de mensaje de Outlook 2016.

4. En el cuadro **Para** escriba la dirección de correo electrónico de la persona a quién va a enviar.

5. Escriba un mensaje para el usuario.

6. Clic en el botón **Enviar**.

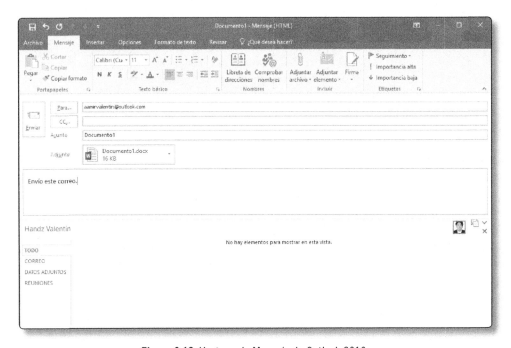

Figura 3.12. Ventana de Mensaje de Outlook 2016.

Enviar documento como PDF adjunto por correo electrónico (Word, Excel y PowerPoint):

1. Clic en la ficha **Inicio**, clic en la página **Compartir**

2. Clic en **Correo electrónico.**

3. Clic en **Enviar como PDF**. Se abre la ventana de mensaje de Outlook 2016.

4. En el cuadro **Para** escriba la dirección de correo electrónico de la persona a quién va a enviar.

5. Escriba un mensaje para el usuario.

6. Clic en el botón **Enviar**.

Presentar en línea el documento (Word y PowerPoint):

1. Clic en la ficha **Inicio**, clic en la página **Compartir**.

2. Clic en **Presentar en línea**.

3. Clic en el botón **Presentar en línea**. Se abre la ventana de diálogo **Presentar en línea**.

4. Copie el enlace de la ventana de diálogo **Presentar en línea** y compártalo con sus amigos o use **Enviar por correo electrónico** para enviar el enlace.

5. Clic en **Iniciar Presentación**.

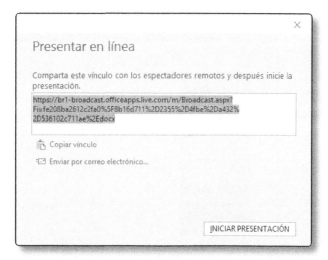

Figura 3.13. Ventana de diálogo Presentar en línea.

Finalizar Presentación en línea (Word y PowerPoint):

1. En la ficha **Presentar en línea**, clic en **Finalizar presentación en línea**.

Figura 3.14. Ficha Presentar en línea.

Publicar diapositivas en SharePoint:

1. Clic en la ficha **Inicio**, clic en la página **Compartir.**

2. Clic en **Publicar diapositivas.**

3. Clic en el botón **Publicar diapositivas.** Se abre el cuadro de diálogo **Publicar diapositivas.**

4. En el cuadro de diálogo **Publicar diapositivas**, en el cuadro **Publicar en**, agregue la dirección de la biblioteca de SharePoint o clic en **Examinar** para elegir la dirección.

5. Clic en **Publicar.**

Figura 3.15. Cuadro de diálogo Publicar diapositivas.

3.6 DEJAR COMENTARIOS

Si ha compartido su documento con otros usuarios para que lo puedan revisar, lo más sensato es que ellos puedan dejar un comentario. En las aplicaciones de Office, un usuario puede dejar su comentario sobre algún texto, objeto o una celda –en Excel– para que las personas encargadas del documento puedan leer los comentarios y hacer los cambios al respecto.

NOTA

Puede agregar tantos comentarios como quiera.

En Word y PowerPoint:

1. Seleccione el texto u objeto.

2. Clic en la ficha **Revisar**, y en el grupo **Comentarios**, clic en **Nuevo comentario**. Se abre el panel Comentarios.

3. En el panel **Comentarios**, en el cuadro de usuario, escriba el comentario que quiere dejar.

4. Si necesita agregar algo extra al comentario, clic en el botón **Nuevo** y se añadirá un nuevo cuadro de comentario para el mismo texto, objeto o celda seleccionada.

Figura 3.16. Panel Comentarios.

En Excel:

1. Seleccione la celda.

2. Clic en la ficha **Revisar**, y en el grupo **Comentarios**, clic en **Nuevo comentario**. Aparece una etiqueta a la derecha de la celda.

3. Escriba el mensaje en la etiqueta.

4. Clic en alguna otra celda para que el comentario quede guardado.

Figura 3.17. Comentario en una celda de Excel 2016.

Ir al Siguiente o Anterior Comentario (Word, Excel y PowerPoint):

1. Clic en la ficha Revisar, y en el grupo Comentarios, clic en los botones **Siguiente** o **Anterior**.

Eliminar comentario (Word, Excel y PowerPoint):

1. Clic en la ficha **Revisar**, y en el grupo **Comentarios**, clic en el botón **Eliminar**.

3.7 SABER QUIÉN HIZO CAMBIOS EN EL DOCUMENTO

Si está trabajando en equipo en la realización de un informe de trabajo, lo más seguro es que varios usuarios se involucren en la revisión del documento. Hacer los cambios es fácil, solo modifique lo que tiene que hacer. El detalle viene cuando otro usuario ve el documento y se da cuenta que muchas cosas han cambiado. Para llevar un control y darles un seguimiento a los cambios hechos en el documento, puede activar el control de cambios.

El control de cambios se encarga de capturar las modificaciones que haya realizado en el documento, por ejemplo, el aplicar negrita a un texto, borrar una palabra, o modificar una celda. Este control de cambios se aplica tanto en Word como en Excel.

Figura 3.18. Control de cambios aplicado a una celda en Excel 2016.

Activar Control de cambios en Excel:

1. Clic en la ficha **Revisar**, y en el grupo **Cambios**, clic en el botón desplegable **Control de cambios**.

2. Clic en **Resaltar cambios**. Se abre el cuadro de diálogo **Resaltar cambios**.

3. Habilite la casilla **Efectuar control de cambios al modificar. Esto también comparte el libro.**

4. En la sección **Resaltar cambios**, realice alguna de estas acciones:

   - **Habilitar casilla Cuándo:** Muestra la fecha cuando se realizó el cambio.

   - **Habilitar casilla Quién:** Muestra el usuario quien hizo el cambio.

   - **Habilitar casilla Dónde:** Muestra los cambios de la celda o rango seleccionado.

5. Habilite la casilla **Resaltar cambios en pantalla**.

6. Clic en **Aceptar**.

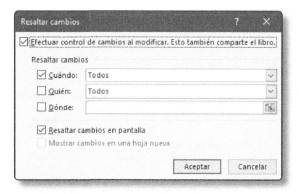

Figura 3.19. Cuadro de diálogo Resaltar cambios.

Aceptar o rechazar cambios en Excel:

1. Clic en la ficha **Revisar**, y en el grupo **Cambios**, clic en el botón desplegable **Control de cambios.**

2. Clic en **Aceptar o rechazar cambios**. Se abre el cuadro de diálogo **Resaltar cambios**.

3. En el cuadro de mensaje que aparece indicándole que se guardarán los cambios, haga clic en **Sí**. Se abre el cuadro de diálogo **Seleccionar cambios para aceptar o rechazar**.

4. Habilite las casillas que crea conveniente y clic en **Aceptar**.

5. Dentro del cuadro de diálogo **Aceptar o rechazar cambios**, realice alguna de estas acciones:

   - **Aceptar:** Acepta el cambio mostrado en el cuadro de diálogo.
   - **Rechazar:** Rechaza el cambio mostrado en el cuadro de diálogo.
   - **Aceptar todos:** Acepta todos los cambios en el libro.
   - **Rechazar todos:** Rechaza todos los cambios en el libro.
   - **Cerrar:** Cierra el cuadro de diálogo.

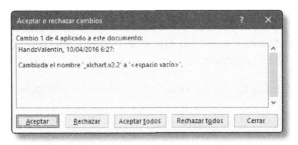

Figura 3.20. Cuadro de diálogo Aceptar o rechazar cambios.

Activar control de cambios en Word:

1. Clic en la ficha **Revisar**, y en el grupo **Seguimiento**, clic en el botón **Control de cambios**.

Mostrar revisiones en Word:

1. En la ficha **Revisar**, en el grupo **Seguimiento**, clic en la flecha desplegable **Mostrar para revisión**.

2. Seleccione alguna de las siguientes opciones:

   - **Revisiones simples:** Muestra una línea roja vertical en el margen ubicando la posición dónde se hicieron los cambios.

   - **Todas las revisiones:** Muestra una línea gris vertical en el margen ubicando la posición dónde se hicieron los cambios, resalta y subraya los nuevos textos agregados, y tacha en rojo los que han sido eliminados del documento.

- **Ninguna revisión:** Muestra el documento con los cambios hechos, pero no resalta ninguno de los cambios.

- **Original:** Muestra el documento tal y como fue antes de activar el control de cambios.

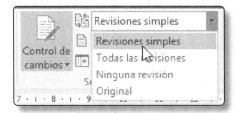

Figura 3.21. Lista desplegable Mostrar para revisión.

Mostrar revisiones en globos en Word:

1. En la ficha **Revisar**, en el grupo **Seguimiento**, clic en el botón desplegable **Mostrar marcas**.

2. Señale **Globos** y clic en **Mostrar revisiones en globos**.

3. En el desplegable **Mostrar para revisión,** active la opción **Todas las revisiones**.

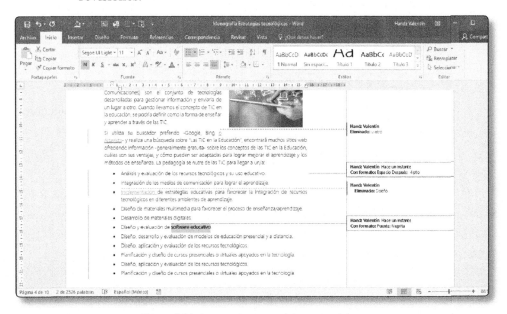

Figura 3.22. Documento con revisiones en globos.

Activar el panel de revisiones en Word:

1. En la ficha **Revisar**, en el grupo **Seguimiento**, clic en la flecha desplegable del botón **Panel de revisiones**.

2. Elija alguna de estas opciones:

   - Panel de revisiones vertical
   - Panel de revisiones horizontal

Revisar los cambios individualmente en Word:

1. En la ficha **Revisar**, en el grupo **Cambios**, clic en los botones **Anterior** o **Siguiente**, según sea el caso.

Aceptar cambios en Word:

1. En la ficha **Revisar**, en el grupo **Seguimiento**, clic en la flecha desplegable del botón **Aceptar**.

2. Elija alguna de estas opciones:

   - Aceptar e ir al siguiente cambio.
   - Aceptar este cambio
   - Aceptar todos los cambios mostrados
   - Aceptar todos los cambios
   - Aceptar todos los cambios y detener el seguimiento

Rechazar cambios en Word:

1. En la ficha **Revisar**, en el grupo **Seguimiento**, clic en la flecha desplegable del botón **Rechazar**.

2. Elija alguna de estas opciones:

   - Rechazar y continuar con la siguiente.
   - Rechazar cambio
   - Rechazar todos los cambios mostrados
   - Rechazar todos los cambios
   - Rechazar todos los cambios y detener el seguimiento

3.8 IMPRIMIR DOCUMENTOS

Desde hace algunos años, el mundo está cambiando su forma de pensar, y el concepto del "cuidado del medio ambiente" se ha vuelto muy importante. Hoy en día, los usuarios se preocupan más por el coste de sus impresiones: el papel, cartuchos y electricidad que se usan, todos estos recursos se tienen que usar a conciencia. Sin embargo, en ocasiones, es necesario realizar una impresión. Puede usar las opciones de imprimir para una impresión óptima. Para hacerlo siga estos pasos:

Imprimir documento:

1. Clic en la ficha **Archivo** y clic en la página **Imprimir**.

2. En la sección **Impresora**, seleccione la impresora que usará para la impresión.

3. En el cuadro **Copias**, cambie el valor si desea tener más copias impresas del documento.

4. En **Configuración**, ajuste los valores necesarios para su impresión, como el tamaño, la orientación y la cantidad de páginas por hoja.

5. Clic en el botón **Imprimir**.

4

CONOCIENDO WORD 2016

Word es el programa de procesamiento de texto más usado en el mundo, ideal para la creación de todo tipo de documentos. Puede usar Word para escribir, editar, insertar imágenes y, sobre todo, aplicar formato a sus textos. Esta característica de aplicar formato mientras trabaja es lo que hace posible que se le dé el nombre de procesador de texto.

Una vez que comience a trabajar con Word 2016, se dará cuenta de que sus herramientas son muy sencillas de usar. Si ya ha tenido experiencia con versiones anteriores no debe preocuparse, ya que todo sigue estando en el mismo lugar; si es un nuevo usuario en Word, no tardará mucho en comprender su funcionamiento. En este capítulo aprenderá los conceptos esenciales para utilizar Word y sacarle provecho al máximo.

4.1 DESPLAZARSE POR EL DOCUMENTO

Cuando trabajas en documentos regularmente extensos, desplazarse a través de las páginas puede ser una tarea bastante agotadora. Muchos usuarios aún usan el famoso método del "gira, gira que ya llegamos", usan la rueda (scroll) del ratón para ir bajando o subiendo por las páginas. Algo muy parecido sucede cuando trabaja con sus párrafos. Cuando una persona escribe una oración en el documento y se da cuenta que ha fallado en una letra, en lugar de cambiar solo la letra, prefiere usar el botón Retroceso (backspace) para borrar todo hasta llegar a la letra mal escrita y luego hacer el cambio.

En esta sección conocerá las diversas formas de desplazarse a través de sus documentos.

4.1.1 Usar las teclas direccionales

El teclado muestra cuatro teclas direccionales: abajo, arriba, izquierda y derecha. Use estas teclas para desplazarse carácter por carácter y línea tras línea de párrafo. También puede utilizar otras teclas que, junto a las teclas direccionales, les dan acciones más avanzadas para desplazarse por un párrafo: las teclas **Control (Ctrl)** y **Mayús (Shift)**.

Cuando pulsa la tecla **Control** más alguna tecla direccional se produce un cambio de desplazamiento. Por ejemplo, con *Ctrl+Izquierda* o *Ctrl+Derecha*, el desplazamiento es por palabra. Si pulsa *Ctrl+Arriba* o *Ctrl+Abajo*, el desplazamiento es por párrafo.

Si pulsa la tecla **Mayús (Shift)** más alguna tecla direccional, entonces puede seleccionar un párrafo o los caracteres del párrafo.

4.1.2 Usar las teclas AvPág y RePág

Cuando quiere dar una mirada rápida a su documento, puede utilizar las teclas **AvPág (PageDown)** o **RePág (PageUp)**. Estas teclas funcionan en base al zoom que haya aplicado a su documento. Si su documento tiene un Zoom donde se muestre la mitad de una página, cada vez que pulse **AvPág** o **RePág** avanzará o retrocederá la mitad de cada página. También puede aplicar un zoom donde se vea toda la página y que el desplazamiento sea página por página.

Cuanto usa *Ctrl+AvPág* o *Ctrl+RePág*, se desplazará página por página colocando el punto de inserción al comienzo del primer párrafo. Cuando utiliza la tecla **Mayús** con **AvPág** y **RePág**, puede seleccionar el texto de cada página; esta última depende mucho del zoom para acelerar la selección.

4.1.3 Usar las teclas Inicio y Fin

Las teclas **Inicio (Home)** y **Fin (End)** permiten dirigirse al principio o al final de una línea de párrafo. Cuando utiliza la tecla *Ctrl+Fin* o *Ctrl+Inicio*, puede dirigirse al final del documento o al principio del mismo.

Al utilizar la tecla *Ctrl+Mayús+Inicio* o *Ctrl+Mayús+Fin*, le será más fácil seleccionar porciones más extensas de texto.

4.1.4 Usar el panel de Navegación

El **panel de Navegación** es una característica bastante valiosa para desplazarse con precisión por el documento. Entre sus funciones más importantes están en mostrar los títulos que se han aplicado a los textos, realizar búsquedas y desplazarse a diferentes posiciones en el documento.

Para activar el panel de Navegación siga estos pasos:

1. Clic en la ficha **Vista**.

2. En el grupo **Mostrar**, marque la casilla **Panel de navegación**.

Cuando activa el **Panel de navegación** este se posiciona a la izquierda de la ventana. Lo más destacado en el panel es el **cuadro de búsqueda** y las tres fichas: **Títulos**, **Páginas** y **Resultados**, tal como aparece en la imagen.

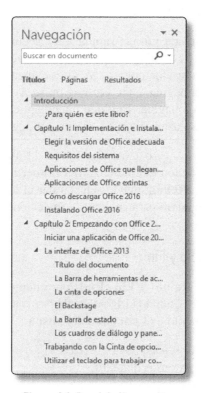

Figura 4.1. Panel de Navegación.

Use el cuadro de búsqueda para encontrar un texto o carácter en el documento. Si la búsqueda ha coincidido con el contenido del documento, Word resaltará esas coincidencias con un sombreado amarillo. Si hace clic sobre la ficha **Resultados** en el panel de navegación, se muestran porciones de párrafo resaltando en negrita el texto buscado. Las porciones de párrafo en la ficha **Resultados** son enlaces -que se activan al hacer clic- hacia el párrafo completo donde se encuentra el texto buscado.

Figura 4.2. Resultados de la búsqueda. Se ha usado el texto "Office 2016".

Para usar el cuadro de búsqueda:

1. Clic en el cuadro de búsqueda.

2. Escriba el texto que desea buscar. Espere unos segundos para obtener los resultados.

Para desplazarse por los resultados de búsqueda a través de la ficha Títulos:

1. Clic en la ficha **Títulos**.

2. Los títulos se resaltan en amarillo. Esto significa que el texto buscado forma parte de ese título.

3. Clic en el título que tenga el resaltado amarillo.

Para desplazarse por los resultados de búsqueda a través de la ficha Resultados:

1. Clic en la ficha **Resultados**.

2. Se muestran las porciones de párrafo donde se encuentra el texto buscado.

3. Clic en la porción de párrafo que crea conveniente.

Para desplazarse por los resultados de búsqueda a través de la ficha Páginas:

1. Clic en la ficha **Páginas**.

2. Se muestran solo las miniaturas de las páginas que contengan el texto buscado.

3. Clic en la miniatura que crea conveniente.

Cancelar una búsqueda:

▼ Clic en la X al final del cuadro de búsqueda.

▼ Pulse la tecla Esc.

Tanto la ficha Títulos como Páginas ayudan a que pueda desplazarse rápidamente por el documento.

Con la ficha Títulos se muestran los títulos aplicados al documento. Los títulos son textos que tienen un formato especial, si no aplica este formato, no aparecerán en el panel de navegación. Estos títulos funcionan como enlaces, eso significa que debe hacer clic en el título que quiera para dirigirse a su posición dentro del documento.

Algo parecido pasa con la ficha Páginas, solo que, en lugar de mostrar títulos, muestra una miniatura de cada página. Aumente el ancho del panel de navegación para ajustar la vista de las miniaturas. Las miniaturas de página facilitan ver por completo la estructura del documento.

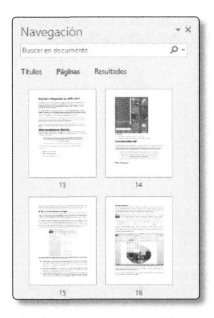

Figura 4.3. Ficha Páginas en el panel de Navegación.

4.1.5 Ir a la página correcta

Imagínese que le envían un documento para que pueda revisarlo y la persona quien le envió le dice que revise la página 115, 116, 134 y la 220. Entonces, es hora de ponerse en marcha y la única opción que se le ocurre para llegar a la página 115 es usar la rueda del ratón. Otra técnica que se le puede ocurrir es usar el panel de navegación con la ficha Páginas e ir navegando por las miniaturas. Lo más seguro es que estas técnicas no le ayuden tanto como quiere. Existe otro método que está en Word desde hace mucho llamado **Ir a**.

Ir a es una ficha que forma parte del cuadro de diálogo Buscar y reemplazar. Para activar siga estos pasos:

1. Clic en la ficha **Inicio**.

2. Dentro del grupo **Editar**, clic en la flecha del comando **Buscar**. Se despliega un menú de opciones.

3. Clic en **Ir a**.

O

1. Active el panel de navegación.

2. Clic en la flecha ubicado a la derecha del **icono de lupa** (**Buscar**), al extremo derecho del cuadro de búsqueda.

3. Clic en **Ir a**.

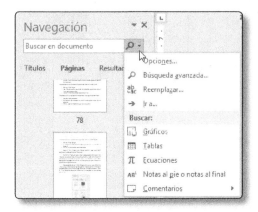

Figura 4.4. Menú de opciones del cuadro de búsqueda.

O

1. Pulse `Ctrl+I`.

El cuadro de diálogo **Buscar y reemplazar** se abre con la ficha **Ir a** activa. En la sección **Ir a** puede ver una lista de opciones que le permite navegar por su documento a través de diversos elementos: Página, Sección, Gráfico, Tabla, etc. Para desplazarse por las páginas seleccione **Página**, y en el cuadro **Número de la página**, escriba el número de la página al cual quiere dirigirse, por ejemplo **115**, y clic en el botón **Ir a**. Word lo lleva al principio de la página 115.

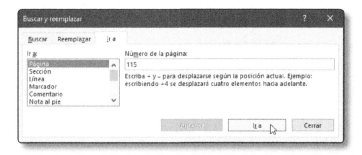

Figura 4.5. Cuadro de diálogo Buscar y reemplazar con la ficha **Ir a** activa.

4.1.6 Hazlo tú mismo

En este ejercicio aprenderá a desplazarse por el contenido de su documento, a usar las teclas direccionales, a ejecutar técnicas con **AvPág** y **RePág**, y aprenderá a seleccionar textos y dirigirse a diversas páginas dentro del documento. Se usará el archivo **Plan de trabajo.docx** ubicado en **C:** | **OfficeData** | **Capítulo 4**.

1. Abrir el documento **Plan de trabajo.docx**.

2. Pulse la tecla `Fin`. Observe que el punto de inserción se encuentra al final del título **Plan de trabajo**.

3. Pulsa la tecla `Inicio`. Ahora, el punto de inserción se coloca al inicio del título.

4. Pulse la tecla direccional derecha cuatro veces. El punto de inserción se coloca al final de la palabra **Plan**.

5. Pulse `Ctrl+Fin`. El punto de inserción se coloca al final del documento.

6. Pulsa `Ctrl+Inicio`. El punto de inserción nuevamente se coloca al inicio del documento.

7. Pulse `Ctrl+derecha` tres veces. El punto de inserción se va colocando al inicio de cada palabra. Al terminar, el punto de inserción se coloca al final del texto.

8. Cambie el zoom del documento a **100%.**

9. Pulsa la tecla `Av.Pág`. Se muestra la segunda parte del contenido en la misma página. Esto se debe al nivel de zoom que tiene el documento.

10. Pulsa otra vez la tecla `Av.Pág`. Se muestra la primera parte de la segunda página.

11. Pulsa `Re.Pág`. Con esta acción, regresará a la segunda parte de la página anterior.

12. Abra el cuadro de diálogo **Buscar y reemplazar** con la ficha **Ir a** activa.

13. Usando este cuadro de diálogo, diríjase a la **página 3**.

14. Cierre el cuadro de diálogo **Buscar y reemplazar** y ahora sitúese al principio del documento.

15. Pulsando la tecla `Mayús`, clic al final del texto `Plan de trabajo`. Con esta acción, ha seleccionado el texto.

16. Pulse `Ctrl+N` para aplicar **Negrita**.

17. Guarde los cambios, pero no cierre el documento.

En este ejercicio navegaremos por el panel de Navegación, buscará algunos textos y revisará resultados. Continuaremos usando el documento del ejercicio anterior:

1. Active el **Panel de navegación**.

2. Desplácese al título **Plan 3: Vender el curso…** Revise su barra de estado y vea que el título se encuentra en la **página 2**.

3. Desplácese al título P1.

4. Busque la palabra: `adsense`. Vea que los resultados de la búsqueda lo dirigen a la página 1. También, revise en el panel de navegación cuántas veces se encontró la palabra `adsense`.

5. Cancele la búsqueda de la palabra `adsense`.

6. Busque la palabra: `youtube`. Usando la ficha **Páginas**, revise en qué páginas se encuentra la palabra buscada. Además, revise cuántas veces se repite.

7. Usando la ficha Resultados, desplácese al último párrafo donde se encuentra la palabra `youtube`.

8. Guarde los cambios de ser necesario y cierre el documento.

4.2 VISTAS DE UN DOCUMENTO

Para aumentar las diversas formas de trabajar con sus documentos, Word ofrece varios entornos que puede usar, conocidos como *vistas*.

Para dar lectura y revisión a un documento extenso y evitar confundirse con la interfaz de usuario, puede usar la vista *Modo de lectura*. Para escribir, revisar y aplicar formatos básicos a sus textos, puede elegir una vista rápida llamada *Borrador*. Para trabajar con documentos que contienen gráficos, ecuaciones y otros elementos que no son textos, donde el diseño del documento es sumamente importante, elija la vista *Diseño de Impresión*. Si el destino del documento es online (Internet o intranet), la vista *Diseño Web* quitará ciertos elementos de la pantalla que se orientan a los documentos impresos, permitiéndole ver sus documentos tal y como aparecerán en un navegador web. Para organizar y gestionar un documento, la vista *Esquema* proporciona herramientas eficaces que le permiten mover una sección completa alrededor del documento sin tener que copiar, cortar o pegar.

Para cambiar a la mayoría de las vistas mencionadas en esta sección, debe hacer clic en la ficha **Vista**, y en el grupo **Vistas**, elegir la vista adecuada. También puede usar el **área de herramientas Vistas** ubicado a la izquierda del deslizador de zoom en la barra de estado.

Figura 4.6. Grupo Vistas.

En este ejercicio aprenderá a trabajar con la vista **Modo de lectura**. Utilice el documento **Contenidos.docx** ubicado en **C: | OfficeData | Capítulo 4**.

1. Abrir el documento **Contenidos.docx**.

2. Clic en la ficha **Vista** y en el grupo **Vistas**, seleccione **Modo de lectura**. Observe cómo Word muestra una manera más cómoda para leer y revisar el documento. Por defecto, esta vista presenta dos páginas.

3. Clic en la flecha que apunta a la derecha para ir a la siguiente página.

4. Clic en el menú **Vista**, señale **Color de página** y clic en **Inverso,** tal como lo muestra la Figura 4. 7. Observe cómo cambia el color de la página de lectura.

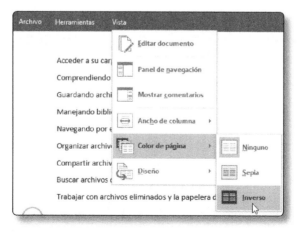

Figura 4.7. Cambiar el color de página en la vista de lectura.

5. Para desactivar el color de una página, clic nuevamente en el menú **Vista | Color de Página | Ninguno**.

6. Para ver una sola página, clic en el menú **Vista | Ancho de columna | Ancho**.

7. Para regresar a la vista diseño de impresión, clic en **Vista** y luego clic en **Editar documento**.

8. Cierre el documento sin guardar los cambios.

En este ejercicio aprenderemos a usar la vista **Esquema**. Utilice el documento **Esquema.docx** ubicado en **C: | OfficeData | Capítulo 4**.

1. Clic en la ficha **Vista** y en el grupo **Vistas**, clic en **Esquema**. Observe cómo se muestra una estructura jerárquica del documento. Además, note que en la cinta de opciones acaba de aparecer una ficha llamada **Esquema**.

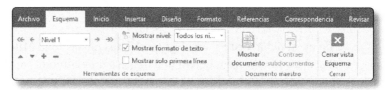

Figura 4.8. Ficha Esquema en la Cinta de opciones.

2. Active la ficha Esquema de ser necesario y en el grupo Herramientas de esquema, clic en la flecha de *Mostrar nivel*.

3. Clic en **Nivel 2**. Observe como se contrae el contenido del documento solo para mostrar los niveles 1 y 2.

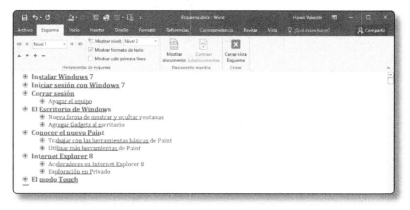

Figura 4.9. Niveles 1 y 2 del documento en la vista Esquema.

4. Clic en alguna parte del título `Agregar Gadgets al escritorio`.

5. En el grupo **Herramientas de esquema**, clic sobre el comando *Subir*. Observe como el título sube una posición.

6. En **Mostrar nivel**, cambie a **Nivel 1**. Su documento muestra solo los títulos principales del documento.

7. Clic en alguna parte del título `El escritorio de Windows` y clic en el comando **Bajar** tres veces. Ahora, el título `El escritorio de Windows` se posiciona como último título.

8. En **Mostrar nivel**, cambie a **Nivel 2**. Observe que el título `El Escritorio de Windows 7` no solo cambió de posición, también lo hicieron sus títulos que están por debajo, como `Agregar Gadgets al escritorio` y `Nueva forma de mostrar y ocultar...`

9. Para regresar a la vista diseño de impresión, en la ficha **Esquema**, en el grupo **Cerrar**, clic en *Cerrar vista Esquema*.

10. Cierre su documento guardando los cambios.

4.3 ESCRIBIR EN WORD

Escribir en Word es fácil, simplemente debe tener en cuenta al **punto de inserción** como el principal iniciador de un texto. El **punto de inserción** es una barra que aparece parpadeando al principio de un documento en blanco. Cuando escribe, el punto de inserción va dirigiéndose a la derecha. Cuando ya no existe el espacio suficiente para continuar en la misma línea de párrafo, automáticamente el punto de inserción baja a la siguiente línea. Recuerde que puede desplazar el punto de inserción por cada carácter usando las teclas direccionales.

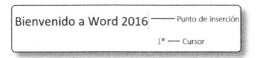

Figura 4.10. Terminología en Word.

Si ha cometido un error en el texto escrito y desea borrar, puede utilizar dos teclas: *Backspace* (*Retroceso*) y *Delete* (*Suprimir*). Cuando el punto de inserción se encuentra a la derecha de un carácter, puede usar *Retroceso* para borrarla; si el punto de inserción se encuentra a la izquierda, utilice *Suprimir*.

4.4 LÍNEAS, PÁRRAFOS Y CONTAR PALABRAS

Para Word, todo lo que tenga texto es considerado un párrafo. Por ejemplo, puede escribir solo su nombre y Word lo contará como *párrafo 1*. Un párrafo puede estar constituido por varias líneas de texto:

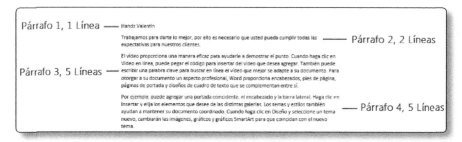

Figura 4.11. Párrafos y líneas.

Por otro lado, Word tiene un recuento de las palabras que usa en el documento. La **barra de estado** es un buen referente para saber cuántas palabras tiene el documento; además de revisar las secciones, cantidad de páginas y las líneas de texto usadas.

¿Por qué debería tener en cuenta este tipo de información?, por ejemplo, cuando quiere mandar a traducir un documento, la mayoría de traductores profesionales cobran sus servicios por palabras, en vez de por páginas. Por eso mismo, saber el número de palabras en un documento le ayudará a calcular su inversión en una traducción. También, puede necesitar esta información de conteo de palabras para escribir un ensayo.

Puede usar el cuadro de diálogo **Contar palabras** para ver no solo el conteo de palabras, sino también la cantidad de páginas, líneas de texto, párrafos y otros datos que no aparecen en la barra de estado. Para activar el cuadro de diálogo **Contar palabras**, siga estos pasos:

1. Clic en la ficha **Revisar**.

2. En el grupo **Revisión**, clic en el comando **Contar palabras**. Se abre el cuadro de diálogo Contar palabras.

3. Dentro del cuadro de diálogo **Contar palabras**, revise el conteo de páginas, palabras, caracteres con y sin espacios, párrafos y líneas.

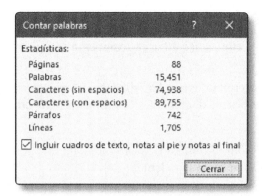

Figura 4.12. Cuadro de diálogo *Contar palabras*.

4.5 SELECCIONAR TEXTOS

El cursor puede controlarse con el ratón y este cambia como si fuese un camaleón cada vez que se realiza una acción. Por ejemplo, mientras el cursor se encuentra en medio de la página, tomará la forma del número uno en romano, y cuando lo lleve a la cinta de opciones, este cambiará por una flecha que apunta a la izquierda. Cuando lleva el cursor al lado izquierdo, en el área de selección, notará que el cursor de flecha cambia de dirección, esto indica que puede seleccionar textos.

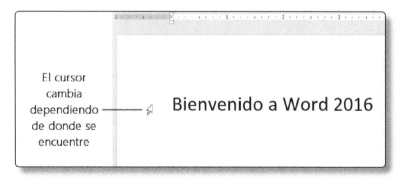

Figura 4.13. Cursor al lado izquierdo del texto.

La siguiente lista detalla la acción de cada clic cuando está en el área de selección:

- **Un clic:** Selecciona toda la línea de texto.
- **Doble clic:** Selecciona el párrafo completo.
- **Triple clic:** Selecciona el documento completo.

En este ejercicio aprenderá diversas formas de seleccionar el contenido de su documento. Abrir el documento **TrabajoconTextos.docx** en **C:** | **OfficeData** | **Capítulo 4**.

1. En el titulo *Libro de Cosmetología*, doble clic sobre la palabra *Libro*. Se selecciona solo la palabra.

2. Clic en algún lugar del texto para que la palabra *Libro* deje de estar seleccionada.

3. Clic tres veces en la palabra *Libro*. Ahora se selecciona la línea y/o párrafo completo.

4. Clic sin soltar sobre la línea seleccionada y arrástrelo por debajo del texto *Peinados*. Acaba de cambiar la posición del texto seleccionado.

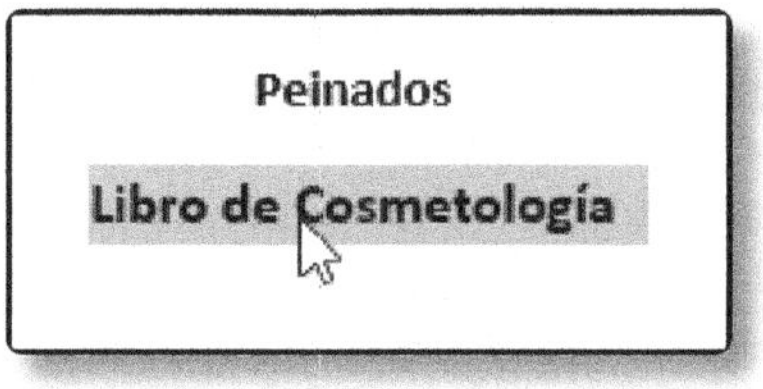

Figura 4.14. Texto cambiado de posición.

5. En la **Barra de herramientas de acceso rápido**, clic en el comando **Deshacer.** El texto regresa a su estado anterior.

6. Coloque el puntero del ratón en el **área de selección** al inicio del tercer párrafo. Observe cómo el puntero cambia apuntando a la derecha.

7. Clic sobre el área de selección. La primera línea del párrafo se selecciona.

8. Haga doble clic sobre el área de selección para el mismo párrafo. Note que ahora el párrafo completo se ha seleccionado.

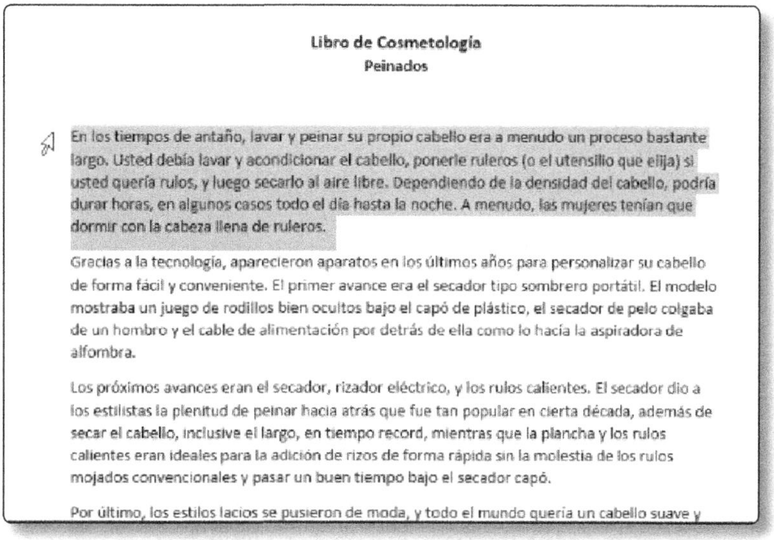

Libro de Cosmetología
Peinados

En los tiempos de antaño, lavar y peinar su propio cabello era a menudo un proceso bastante largo. Usted debía lavar y acondicionar el cabello, ponerle ruleros (o el utensilio que elija) si usted quería rulos, y luego secarlo al aire libre. Dependiendo de la densidad del cabello, podría durar horas, en algunos casos todo el día hasta la noche. A menudo, las mujeres tenían que dormir con la cabeza llena de ruleros.

Gracias a la tecnología, aparecieron aparatos en los últimos años para personalizar su cabello de forma fácil y conveniente. El primer avance era el secador tipo sombrero portátil. El modelo mostraba un juego de rodillos bien ocultos bajo el capó de plástico, el secador de pelo colgaba de un hombro y el cable de alimentación por detrás de ella como lo hacía la aspiradora de alfombra.

Los próximos avances eran el secador, rizador eléctrico, y los rulos calientes. El secador dio a los estilistas la plenitud de peinar hacia atrás que fue tan popular en cierta década, además de secar el cabello, inclusive el largo, en tiempo record, mientras que la plancha y los rulos calientes eran ideales para la adición de rizos de forma rápida sin la molestia de los rulos mojados convencionales y pasar un buen tiempo bajo el secador capó.

Por último, los estilos lacios se pusieron de moda, y todo el mundo quería un cabello suave y

Figura 4.15. Selección del tercer párrafo.

9. Haga triple clic sobre el área de selección y desplácese hasta el final de su documento: notará que todo el contenido ha sido seleccionado.

10. Desplácese hasta ver una lista numerada en la página 1. Luego, clic sobre algún lugar de esa lista para dejar de seleccionar todo el documento.

11. Seleccione el índice tres `Velocidad de secado` y pulse ***Suprimir***. El texto es borrado y la lista se renumera.

12. Doble clic sobre el texto del índice uno para seleccionarlo y luego, escriba: `Potencia`. Note que, no tuvo que borrar el texto seleccionado para agregar el nuevo texto.

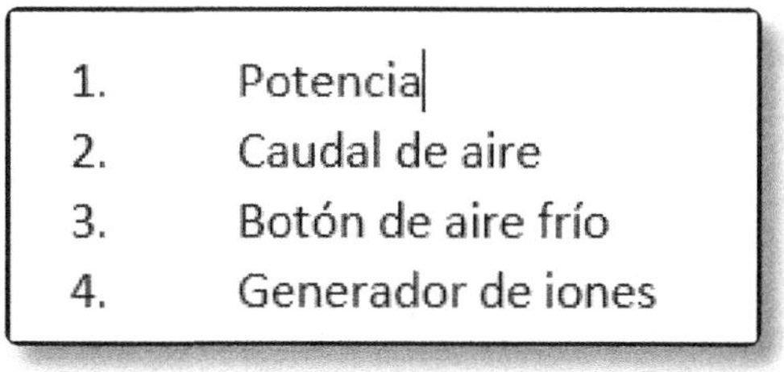

Figura 4.16. Cambiar el texto en una lista.

13. Guarde los cambios y cierre su documento.

4.6 CORTAR, COPIAR Y PEGAR

Lo genial de trabajar con un procesador de textos y no con una máquina de escribir, es que puede tener el control de sus textos sin miedo a equivocarse. Puede copiar un texto hacia otro lado del documento o simplemente cortarlo y llevarlo a otra posición mediante el grupo **Portapapeles** en la ficha **Inicio**.

Figura 4.17. Grupo Portapapeles en la ficha Inicio.

Este grupo presenta cuatro principales comandos:

▸ **Cortar:** Utilice el comando **Cortar** cuando necesite mover un texto, párrafo o algún otro elemento de Word, hacía otro lugar dentro del mismo documento o hacia otros documentos. También puede usar la combinación de teclas `Ctrl+X`.

▸ **Copiar:** Con el comando Copiar puede tener una copia idéntica de un texto, párrafo o algún otro elemento de Word. Puede reutilizar la copia una y otra vez en cualquier otro documento u otra aplicación. También puede usar la combinación de teclas `Ctrl+C`.

▸ **Pegar:** Cuando utiliza los comandos **Copiar** o **Cortar**, necesitará llevar a cabo una acción más, el cual es insertar aquellos elementos que están en memoria, para ello debe usar el comando **Pegar**. También puede pulsar `Ctrl+V`.

▸ **Copiar Formato:** Solo copiará el formato del texto, párrafo u objeto seleccionado dentro del mismo documento. También puede pulsar `Ctrl+Mayús+C`.

ⓘ **NOTA**

También puede usar el botón derecho del ratón para desplegar el menú contextual donde se encuentran las opciones Copiar, Cortar y Pegar.

Para llevar a cabo las acciones de cortar, copiar, pegar y/o copiar formato, siga estos pasos:

Mover un elemento

1. Seleccione el texto, párrafo u objeto que quiera cortar.

2. En la ficha **Inicio**, grupo **Párrafo**, clic en **Cortar** o pulse *Ctrl+X*.

3. Clic en la posición donde quiere que aparezca el elemento cortado.

4. En la ficha **Inicio**, grupo **Párrafo**, clic en **Pegar** o pulse *Ctrl+V*.

Tener una o más copias de un elemento

1. Seleccione el texto, párrafo u objeto que quiera copiar.

1. En la ficha **Inicio**, grupo **Párrafo**, clic en **Copiar** o pulse *Ctrl+C*.

2. Clic en la posición donde quiere que aparezca el elemento copiado.

3. En la ficha **Inicio**, grupo **Párrafo**, clic en **Pegar** o pulse *Ctrl+V*.

4. Si desea, puede seguir pegando el mismo elemento en otro lugar del documento.

Copiar el formato de un elemento

1. Seleccione el texto, párrafo u objeto que tenga un formato que quiera copiar.

2. En la ficha **Inicio**, grupo **Párrafo**, clic en **Copiar formato** o pulse *Ctrl+Mayús+C.*

3. Seleccione el texto, párrafos o el objeto que heredará el formato, o pulse *Ctrl+Mayús+V.*

ⓘ **NOTA**

El procedimiento de Copiar formato solo permite copiar el formato una vez, si quiere copiar el mismo formato a otro texto, debe volver a realizar el procedimiento anterior. Para evitar este arduo trabajo, puede hacer doble clic sobre Copiar formato y podrá usarlo cuántas veces quiera.

4.7 APLICAR FORMATO DE FUENTE

Con Word 2016 puede aplicar diversos formatos a sus textos, desde aplicar un formato de negrita hasta un efecto de texto. Para aplicar cualquiera de los diversos formatos, lo único que debe hacer es seleccionar el texto y luego hacer clic en alguno de los comandos del grupo **Fuente**, en la ficha **Inicio**..

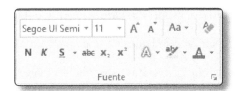

Figura 4.18. Grupo Fuente, dentro de la ficha Inicio.

> (i) **NOTA**
>
> Tenga en cuenta que, si no tiene experiencia con Word o con otras aplicaciones, puede usar el puntero del ratón para señalar los botones de la cinta de opciones, y ver un screentip del nombre y el método abreviado que puede usar para aplicar ese comando.

La siguiente lista describe los comandos del grupo Fuente:

- ▶ **Fuente**: Permite elegir los diversos tipos de fuente (tipos de letra) que se pueden aplicar a los textos. Las fuentes tienen que ver mucho con los tamaños de fuente, ya que cada fuente tiene un tamaño distinto.

- ▶ **Tamaño de fuente:** Es imprescindible aplicar el tamaño adecuado a los textos para que puedan ser mejor vistos a la hora de imprimirlos.

- ▶ **Negrita (*Ctrl+N*):** Un texto con *Negrita* hace que resalte como algo importante dentro del documento.

- ▶ **Cursiva (*Ctrl+K*):** *Cursiva* resalta el texto como un elemento secundario dentro de un documento.

- ▶ **Subrayado (*Ctrl+S*):** Utilice *Subrayado* cuando quiera resaltar un título o un texto al que quiera dar énfasis.

- ▶ **Color de fuente:** Cuando trabaje con documentos que necesitan tener un toque colorido, no dude en usar el *Color de fuente*. Por defecto, se aplica el color rojo. Si hace clic en la flecha del comando Color de fuente, podrá ver una paleta de colores con más opciones que elegir.

▶ **Resaltado:** Así como utiliza un marcador, utilice el resaltador para llamar la atención del lector o simplemente resaltar un texto importante.

▶ **Borrar Formato** (`Ctrl+B. Espaciadora`)**:** Permite borrar el formato de un texto.

▶ **Tachado**: Utilice *Tachado* cuando quiera indicar al lector o revisor, que el texto no estará en el documento o que puede ser cambiado por otro.

▶ **Efectos de texto:** Aplique efectos de texto a las propias fuentes para darle más énfasis a ciertos sectores de su documento. Entre los efectos de texto incluyen sombras, reflexiones, iluminaciones y más.

▶ **Subíndice y Superíndice:** Estos dos comandos de formato son muy utilizados por varios usuarios cuando necesitan crear estructuras de cadenas químicas o matemáticas. Por ejemplo, cuando aplica subíndice, el texto disminuye de tamaño y se posiciona debajo de un texto común (H_2O), al contrario de superíndice que se va encima del texto (5^2).

▶ **Cambiar Mayúsculas y Minúsculas:** Permite cambiar el texto entre mayúsculas y minúsculas, además de obtener otras opciones. Puede pulsar `Mayús+F3` para ahorrar tiempo en los cambios entre mayúsculas y minúsculas.

▶ **Aumentar y Disminuir Tamaño de Fuente:** Estos dos comandos permiten agrandar o reducir el tamaño de fuente respectivamente.

Siga estos pasos para aplicar formato a sus textos seleccionados:

Cambiar el tipo de fuente del texto seleccionado

1. En la ficha **Inicio**, grupo **Fuente**, clic en la flecha del desplegable **Fuente**.

2. Desplácese por el menú de opciones y clic en la fuente que desee.

Figura 4.19. Desplegable Fuente.

Cambiar el tamaño de fuente del texto seleccionado:

1. En la ficha **Inicio**, grupo **Fuente**, clic en la flecha del desplegable **Tamaño de Fuente**.

2. Desplácese por el menú de opciones y clic en el tamaño de fuente que desee.

O

1. En la ficha **Inicio**, grupo **Fuente**, clic en el cuadro **Tamaño de fuente**.

2. Escriba el número de tamaño que desea aplicar. Puede incluir decimales como 10,5.

3. Pulse `Enter` para aceptar el número.

O

1. Pulse **Ctrl+Mayús+>** para aumentar el tamaño de fuente, y **Ctrl+<** para disminuirlo.

O

1. Use los botones **Aumentar tamaño de fuente** y/o **Disminuir tamaño de fuente**.

Aplicar negrita, cursiva y/o subrayado al texto seleccionado:

1. En la ficha **Inicio**, grupo **Fuente**, clic en el botón **Negrita**, **Cursiva** o **Subrayado**.

O

1. Pulse `Ctrl+N` para **Negrita**, `Ctrl+K` para **Cursiva**, o `Ctrl+S` para **Subrayado**.

Aplicar otro estilo de subrayado al texto seleccionado:

1. En la ficha **Inicio**, grupo **Fuente**, clic en la flecha del botón **Subrayado**.

2. Clic en el estilo de subrayado que desee.

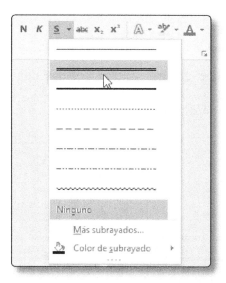

Figura 4.20. Estilos de subrayado.

Aplicar color de subrayado al texto seleccionado:

1. En la ficha **Inicio**, grupo **Fuente**, clic en la flecha del botón **Subrayado**.

2. Señale la opción **Color de subrayado**. Se despliega una paleta de colores.

3. Clic en el color que desee.

4. Luego, aplique un estilo de subrayado diferente si lo requiere.

Aplicar un color de fuente al texto seleccionado:

1. En la ficha **Inicio**, grupo **Fuente**, clic en la flecha del botón **Color de fuente**. Se despliega una paleta de colores.

2. Dentro de la paleta, clic en el color que desee.

Borrar el formato del texto seleccionado:

1. Clic en el botón **Borrar todo el formato**.

O

1. Pulse `Ctrl+Barra Espaciadora`.

Cambiar entre mayúsculas y minúsculas al texto seleccionado:

1. Clic en el botón **Cambiar mayúsculas y minúsculas**.

2. Seleccione algunas de las opciones disponibles: *Tipo de oración, minúscula, MAYÚSCULAS, Poner En Mayúsculas Cada Palabra* y *Alternar MAY/min*.

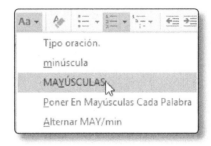

Figura 4.21. Opciones del desplegable Cambiar mayúsculas y minúsculas.

O

1. Pulse `Mayús+F3`. Pulsar varias veces esta combinación de teclas le dará diferentes resultados.

Resaltar un texto:

1. Seleccione el texto que quiera resaltar.

2. Clic en el botón **Color de resaltado de texto**. El texto queda resaltado con el color por defecto.

O

1. Clic en la flecha del botón **Color de resaltado de texto**.

2. Seleccione el texto que quiera resaltar.

Aplicar subíndice y superíndice al texto seleccionado:

▶ Clic en el botón **Subíndice**.
▶ Clic en el botón **Superíndice**.

1. Clic en el botón **Efectos de texto y tipografía**. Se despliega una galería de opciones.

2. Clic en alguna opción de la galería.

3. De ser necesario, señale algunas de las opciones de efectos como:

4. Clic en el efecto que desee.

Figura 4.22. Galería desplegable del botón Efectos de texto y tipografía.

4.7.1 Usar el cuadro de diálogo Fuente

El grupo **Fuente** tiene más potencial de lo que puede ver. Existen comandos y opciones que no están a simple vista, por ello, este grupo posee un **Iniciador de cuadro de diálogo** donde encontrará comandos clásicos como *versales*, *texto oculto* o el *espaciado entre textos*. Puede abrir el cuadro de diálogo Fuente de dos maneras:

▶ Clic en el **Iniciador de cuadro de diálogo** del grupo **Fuente**.
▶ Pulse `Ctrl+M`.

El cuadro de diálogo **Fuente** presenta dos fichas:

▼ **Fuente:** Incluye los comandos del grupo **Fuente** más los comandos *Versales, Oculto* y *Doble tachado*.

▼ **Avanzado:** Esta ficha se divide en dos secciones. En la sección *Espaciado entre caracteres* podrá escalar, espaciar y posicionar los textos, además de aplicar un interletraje. En la sección *Características OpenType*, podrá aplicar ligaduras y otros formatos aplicados a los números.

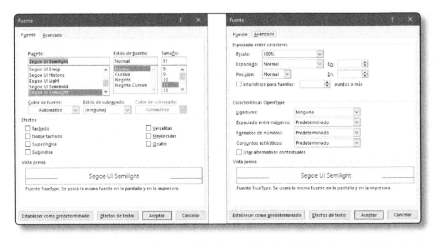

Figura 4.23. Cuadro de diálogo Fuente. Ficha Fuente (izquierda), ficha Avanzado (derecha).

4.8 APLICAR FORMATO A LOS PÁRRAFOS

Los párrafos están por todo el documento. Un párrafo es considerado como tal cuando escribe cualquier texto y luego pulsa Enter. Una manera rápida de ver los párrafos en el documento es mostrando las marcas de párrafo. Podrá notar que al final de cada párrafo hay un símbolo de **P** invertida. Muchos de los comandos que necesita para aplicar formato a los párrafos se encuentra en el grupo **Párrafo** de la ficha **Inicio**.

Puede activar las marcas de párrafo de dos maneras:

▼ En la ficha **Inicio**, grupo **Párrafo**, clic en el botón **Mostrar todo**.
▼ Pulsar `Ctrl+(`.

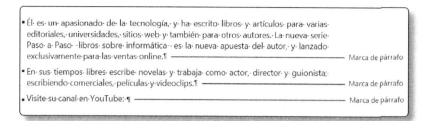

Figura 4.24. Marcas de párrafo en un documento.

Entre los formatos de párrafo que puede aplicar están las alineaciones, las sangrías y los espacios.

4.8.1 Alinear los párrafos

Una de las tareas de formato más comunes para los párrafos es alinearlos dentro de un documento. Tenga en cuenta que las alineaciones no se detienen con solo alinearlos a la izquierda, derecha o al centro, también incluye el aumento y disminución de la sangría.

La siguiente lista describe los comandos de alineación del grupo Párrafo:

▼ **Alinear a la Izquierda (**Ctrl+Q**):** Alinea el texto hacia el margen izquierdo, con un margen derecho sin alinear.

▼ **Alinear a la derecha (**Ctrl+D**):** Alinea el texto hacia el margen derecho, con un margen izquierdo sin alinear.

▼ **Centrar (**Ctrl+T**):** Alinea el punto medio de cada línea de párrafo con el centro horizontal de la página.

▼ **Justificar (Ctrl+J):** Alinea el texto nivelándolo tanto con el margen izquierdo y derecho de la página.

▼ **Disminuir Sangría:** Acerca el párrafo al margen.

▼ **Aumentar Sangría:** Aleja el párrafo del margen.

Las alineaciones también se pueden aplicar a otros elementos, como gráficos o tablas. El funcionamiento de las alineaciones también están basados a un área específica, esto significa que puede alinear un párrafo si este está dentro de una celda de alguna tabla.

Para aplicar estos comandos no es necesario seleccionar el párrafo completo. Bastará con hacer clic en alguna parte del párrafo y a continuación clic en el botón que desee.

4.8.2 Cambiar el espacio entre líneas y párrafos

Todo párrafo tiene dos tipos de espacio: el espacio entre líneas y el espacio entre párrafos. En Word se puede cambiar los espacios entre líneas a través del comando **Interlineado**; sin embargo, para cambiar los espacios entre párrafos el procedimiento es ligeramente diferente.

A menudo los usuarios confunden el interlineado con el espacio entre párrafos, provocando una gran frustración a la hora de trabajar con sus documentos. El Interlineado solo cambia el espacio entre las líneas de un mismo párrafo con un espacio por defecto de *1,08*.

Por otro lado, el espaciado entre párrafos se define a través de la ficha **Formato**, dentro del grupo **Párrafo**, o activando el cuadro de diálogo **Párrafo**. Entre cada párrafo hay dos espacios, el **Antes** y el **Después**. Por defecto, cada párrafo tiene un espacio **Antes** de *0 ptos* y **Después** de *8 ptos*.

Para aplicar un interlineado a un párrafo, siga estos pasos:

Aplicar Interlineado a un párrafo:

1. Clic en el párrafo que desea aplicar un interlineado.

2. En la ficha **Inicio**, grupo **Párrafo**, clic en el botón **Interlineado**. Se despliega un menú de opciones.

3. Seleccione el espacio que necesita.

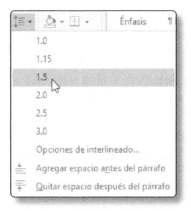

Figura 4.25. Menú desplegable de Interlineado.

Aplicar interlineado desde el cuadro de diálogo párrafo

1. Clic en el párrafo que desea aplicar un interlineado.

2. En la ficha **Inicio**, grupo **Párrafo** realice cualquiera de las siguientes acciones para abrir el cuadro de diálogo **Párrafo**:

   - Clic en el botón **Interlineado** y seleccione **Opciones de interlineado**.
   - Clic en el Iniciador de cuadro de diálogo del grupo **Párrafo**.

3. En la sección **Espaciado**, clic en el desplegable **Interlineado**.

4. Seleccione entre las opciones: *Sencillo*, *1,5 líneas*, *Doble*, *Mínimo*, *Exacto* y *Múltiple*.

5. Use el cuadro **En** para agregar el espacio manualmente.

6. Clic en **Aceptar** del cuadro de diálogo **Párrafo**.

Figura 4.26. Opciones de Interlineado en el cuadro de diálogo Párrafo.

Para aplicar un espaciado entre párrafos, siga estos pasos:

Aplicar un espacio antes y después del párrafo:

1. Clic en el párrafo que quiera aplicar espaciado.

2. Clic en la ficha **Formato**.

3. Dentro del grupo **Párrafo**, cambie los valores de los cuadros **Antes** y **Después**.

O

1. Clic en el párrafo que quiera aplicar espaciado.

2. Abrir el cuadro de diálogo Párrafo de la siguiente manera:

   - Clic en la ficha **Formato**, y en el grupo **Párrafo**, clic en el Iniciador de cuadro de diálogo.

   - Clic en la ficha **Inicio**, y en el grupo **Párrafo**, clic en el Iniciador de cuadro de diálogo.

3. En la sección **Espaciado**, cambie los valores de los cuadros **Anterior** y **Posterior**.

4. Clic en **Aceptar** del cuadro de diálogo **Párrafo**.

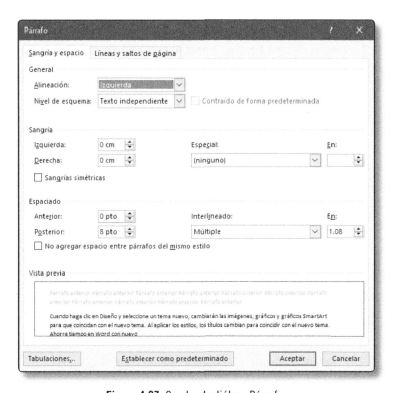

Figura 4.27. Cuadro de diálogo Párrafo.

Agregar o quitar espacio antes y/o después del párrafo:

1. Clic en el párrafo que quiera agregar o quitar espaciado.

2. En la ficha **Inicio**, en el grupo **Párrafo**, clic en el botón **Interlineado**.

3. Dependiendo de si el párrafo tiene o no espaciado elija cualquiera de las opciones disponibles:

- **Agregar espacio antes del párrafo:** Si el párrafo no tiene espaciado anterior.

- **Quitar espacio antes del párrafo:** Si el párrafo ya tiene espaciado anterior.

- **Agregar espacio después del párrafo:** Si el párrafo no tiene espaciado posterior.

- **Quitar espacio después del párrafo:** Si el párrafo ya tiene espaciado posterior.

Cambiar el interlineado y espaciado a todo el documento

1. Clic en la ficha **Diseño** y en el grupo **Formato del documento**, clic en el botón **Espaciado entre párrafos**. Se despliega un menú de opciones.

2. Señale cada estilo de la sección **Integrado** para saber el espaciado que se aplicará.

3. Clic en alguno de los estilos disponibles.

Figura 4.28. Opciones de Espaciado entre párrafos.

4.8.3 Aplicar sangrías

El sangrado se refiere a agregar espacio extra entre el párrafo y el margen -izquierdo o derecho- de la página. Ya vimos por encima las sangrías en el tema **Alinear los Párrafos** anteriormente en este capítulo, donde aplicó los comandos **Disminuir** y **Aumentar** sangría. Sin embargo, no son las únicas sangrías. Word presenta cuatro tipos de sangrías: *Izquierda, derecha, primera línea* y *francesa*.

Hay varias formas de aplicar sangrías a sus párrafos, una de ellas es a través de la regla horizontal, y otra desde el cuadro de diálogo Párrafo. La regla horizontal, mostrada a continuación, proporciona una forma adecuada -usando el ratón- para aplicar los cuatro tipos de sangrías.

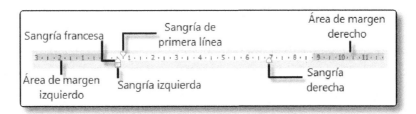

Figura 4.29. Partes de la regla horizontal.

A diferencia de las sangrías izquierda y derecha, donde el párrafo completo se aleja del margen de la página, una sangría de primera línea es un espacio que se aplica solo a la primera línea del párrafo, mientras que la sangría francesa aplica un espacio a partir de la segunda línea del párrafo en adelante, dejando la primera línea sin sangrar.

Para aplicar las sangrías a sus párrafos siga estos pasos:

Aplicar sangría izquierda y/o derecha:

1. Clic en el párrafo al que quiera aplicar sangría.

2. Clic en la ficha **Formato.**

3. En el grupo **Párrafo**, realice alguna de las acciones:
   - Clic en el cuadro **Izquierda** y cambie el valor.
   - Clic en el cuadro **Derecha** y cambie el valor.

O

1. Clic en el párrafo al que quiera aplicar sangría.

2. Active el cuadro de diálogo Párrafo.

   - Clic en la ficha **Inicio**, grupo **Párrafo**, y clic en el Iniciador de cuadro de diálogo.

   - Clic en la ficha **Formato**, grupo **Párrafo**, y clic en el Iniciador de cuadro de diálogo.

3. En la sección **Sangría**, realice alguna de las acciones:

   - Clic en el cuadro **Izquierda** y cambie el valor.

   - Clic en el cuadro **Derecha** y cambie el valor.

4. Clic en **Aceptar** del cuadro de diálogo Párrafo.

O

1. Clic en el párrafo al que quiera aplicar sangría.

2. En la regla horizontal, realice alguna de las acciones:

   - Mueva el botón **Sangría izquierda** a la derecha hasta posicionarlo en la medida que quiera.

   - Mueva el botón **Sangría derecha** a la izquierda hasta posicionarlo en la medida que quiera.

Aplicar sangría de primera línea y/o francesa:

1. Clic en el párrafo al que quiera aplicar sangría.

2. Active el cuadro de diálogo **Párrafo**.

3. En la sección **Sangría**, clic en el cuadro desplegable Especial y realice alguna de las acciones:

   - Clic en **Primera línea** y cambie el valor en el cuadro **En**.
   - Clic en **Sangría francesa** y cambie el valor en el cuadro **En**.

4. Clic en **Aceptar** del cuadro de diálogo Párrafo.

Figura 4.30. Opciones de la sección Sangría en el cuadro de diálogo Párrafo.

O

1. Clic en el párrafo al que quiera aplicar sangría.

2. En la regla horizontal, realice alguna de las acciones:

   - Mueva el botón **Sangría de primera línea** a la derecha hasta posicionarlo en la medida que quiera.

   - Mueva el botón **Sangría francesa** a la derecha hasta posicionarlo en la medida que quiera.

4.8.4 Hazlo tú mismo

En este ejercicio, se aplicarán formatos básicos a los textos, se copiarán dichos formatos , y luego aplicaremos alineaciones y sangrías. Se usará el archivo **Formato.docx** ubicado en **C: | OfficeData | Capítulo 4.**

> ⓘ **NOTA**
> Abrir el documento *Formato.docx*.

1. Seleccione el texto `El Oso de Anteojos` y aplique:
   - Fuente `Corbel`.
   - Tamaño de fuente de `20ptos`.
   - Color de fuente *Púrpura*.
   - Atributo **Negrita**.

2. Seleccione el texto (Tremarctos ornatus) y aplique:

- Fuente Cambría
- Color de fuente Azul.
- Tamaño de fuente de 14 ptos.

3. Seleccione el texto Características -debajo de la imagen- y aplique:

- Atributo Negrita, Cursiva.
- Subrayado doble color Azul.
- Tamaño de fuente 17 ptos.

4. Aplique el mismo formato del texto Características al texto Distribución con un solo comando.

5. Alinee la imagen del Oso de anteojos a la derecha de la página.

6. Alinee el título -El Oso de anteojos- y el subtítulo –(Tremarctos ornatus)- al centro de la página.

7. Aplique un espaciado posterior de 0 ptos para el título Oso de anteojos.

8. Aplique al párrafo El oso de anteojos (Tremarctos ornatus), también conocido como... lo siguiente:

- Alineación derecha.
- Sangría derecha de 2.3 cm.
- Interlineado Exacto.

9. Guarde los cambios y cierre el documento.

4.9 TRABAJAR CON LISTAS

Para resumir la información en sus documentos, facilitar la comprensión y mejorar la asimilación del contenido para los lectores, puede usar listas. Hay listas con números y listas con viñetas. Si tiene información secuencial, las listas con números permiten que el lector se guíe paso a paso por el contenido de la lista; sin embargo, si no tiene que preocuparse por la secuencia del contenido, es preferible utilizar listas con viñetas.

Puede crear dos tipos de listas: de un solo nivel, y de varios niveles. Las listas de un solo nivel tienen la misma jerarquía y el mismo espacio de sangría; por otro lado, las listas de varios niveles -lista multinivel- pueden tener diversas jerarquías y espacios de sangría.

A continuación, en la imagen se muestra la diferencia entre las listas de un solo nivel y de varios niveles.

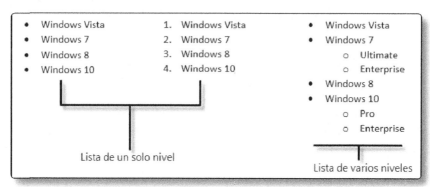

Figura 4.31. Listas de un solo nivel (izquierda) y de dos niveles (derecha)

Crear una lista con viñetas o números desde cero:

1. Clic o doble clic en la posición donde empezará la lista.

2. Realice alguna de estas acciones:

   - **Para Viñeta:** Añada un asterisco (*), seguido de un espacio y luego agregue el texto que desea.

   - **Para Numeración:** Añada el número uno y un punto (1.), seguido de un espacio y luego agregue el texto que desea.

   - **Para Numeración Romana:** Añada la letra i mayúscula y un punto (I.), seguido de un espacio y luego agregue el texto que desea.

   - **Para Numeración Alfabética:** Añada la letra a mayúscula o minúscula y un punto (a.), seguido de un espacio y luego agregue el texto que desea.

3. Después de agregar el texto, pulse **Enter** para continuar con la lista.

Aplicar Viñetas o Numeración al texto seleccionado:

1. Clic en la ficha **Inicio**.

2. En el grupo **Párrafo**, realice alguna de estas acciones:

   - Clic en el botón **Viñetas**.
   - Clic en el botón **Numeración**.

Elegir un estilo diferente de viñetas al texto seleccionado

1. En la ficha **Inicio**, en el grupo **Párrafo**, clic en la flecha del botón **Viñetas**.
2. En la lista desplegable, clic en el estilo de viñetas que desee.

Figura 4.32. Estilos de viñetas.

O

1. En la ficha **Inicio**, en el grupo **Párrafo**, clic en la flecha del botón **Viñetas**.
2. En la lista desplegable, clic en **Definir nueva viñeta**. Se abre el cuadro de diálogo **Definir nueva viñeta**.
3. Clic en el botón **Símbolo**. Se abre el cuadro de diálogo **Símbolo**.

Figura 4.33. Cuadro de diálogo Definir nueva viñeta.

4. En el cuadro **Fuente**, seleccione alguna de las siguientes fuentes:
   - Wingdings, Wingdings 2, Wingdings 3
   - Webdings

5. Seleccione el símbolo que quiera usar como viñeta.

6. Clic en **Aceptar** del cuadro de diálogo **Símbolo**.

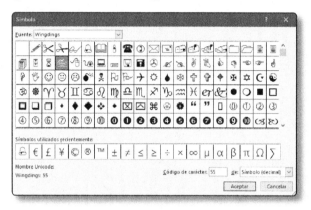

Figura 4.34. Cuadro de diálogo Símbolo.

7. Clic en **Aceptar** del cuadro de diálogo definir nueva viñeta.

Elegir un estilo de numeración diferente al texto seleccionado:

1. En la ficha **Inicio**, en el grupo **Párrafo**, clic en la flecha del botón **Numeración**.

2. En la lista desplegable, clic en el estilo de numeración que desee.

Figura 4.35. Estilos de Numeración.

Quitar el formato de viñetas o numeración al texto seleccionado:

1. En la ficha **Inicio**, grupo **Párrafo**, realice alguna acción.

   - **Para quitar viñeta:** Clic en el botón **Viñetas**.
   - **Para quitar numeración:** Clic en el botón **Numeración**.

O

1. En la ficha **Inicio**, grupo **Fuente**, clic en el botón **Borrar todo el formato**.

Terminar una lista con numeración o viñetas:

1. Pulse **Enter** dos veces al final del último texto con viñetas o numeración.

Aplicar una lista multinivel:

1. Seleccionar el texto que está adaptado para una lista multinivel. Esto quiere decir que algunos textos de la lista tienen diferente espacio de sangría.

2. En la ficha Inicio, grupo Párrafo, clic en el botón desplegable **Lista multinivel.**

3. En el desplegable, seleccione el estilo de lista multinivel que desee.

Figura 4.36. Estilos de lista multinivel.

Aplicar una lista multinivel manualmente

1. Desde la ficha Inicio, grupo Párrafo, aplique **Numeración** al texto seleccionado.

2. Clic delante de algún texto de la lista al que quiera aplicar multinivel.

3. Pulse la tecla **Tab** las veces que sea necesario para aplicar la lista multinivel. Mientras más use la tecla **Tab**, el texto bajará en jerarquía.

En el siguiente ejercicio aprenderemos a aplicar numeración y viñeta a sus listas, seleccionaremos dos párrafos y le daremos un tipo de numeración romana. A continuación aplicaremos numeración tradicional a una lista de texto y, para terminar, pondremos un estilo de viñeta. Se usará el archivo **Comidas.docx** ubicado en **C: | OfficeData | Capítulo 4.**

(i) NOTA

Abrir el documento ***Comidas.docx***.

1. Seleccione el texto `Comidas de la semana`.

2. Pulse la tecla `Ctrl` sin soltar y seleccione el texto `Ingredientes Lentejas con pescado`.

3. Clic en **Inicio | Párrafo | flecha Numeración**.

4. En la lista de estilos de numeración, clic en **Números romanos**. Los textos seleccionados ahora poseen un formato de numeración en romano.

Figura 4.37. Estilo de numeración Romanos.

5. Seleccione toda la lista que contiene nombres de comidas.

6. Clic en la flecha del botón **Numeración** y seleccione el estilo de números `(1. 2. 3.)`.

I. Comidas de la semana

1. Lenteja con pescado
2. Cau – Cau
3. Frejoles con Seco
4. Ají de gallina
5. Lomo saltado
6. Pollo frito
7. Ceviche

Figura 4.38. Estilo de numeración (1. 2. 3.) aplicado al texto.

7. Seleccione todo el texto de los ingredientes.

8. Clic en la flecha del botón **Viñetas** y seleccione el estilo de **viñeta de cuatro rombos**.

9. Con la lista aún seleccionada, clic en la flecha de **Viñeta** y seleccione *Definir nueva viñeta*.

10. En el cuadro de diálogo *Definir nueva viñeta*, clic en el botón **Fuente**, y cambie a:

   • Tamaño de fuente de `14 ptos`.
   • Color de fuente `Azul`.

11. Clic en **Aceptar** del cuadro de diálogo *Fuente*, y también clic en **Aceptar** del cuadro de diálogo *Definir nueva viñeta*.

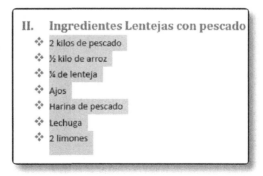

II. Ingredientes Lentejas con pescado

❖ 2 kilos de pescado
❖ ½ kilo de arroz
❖ ¼ de lenteja
❖ Ajos
❖ Harina de pescado
❖ Lechuga
❖ 2 limones

Figura 4.39. Estilo de viñeta de cuatro rombos con cambio de tamaño y color de fuente.

12. Guarde los cambios y cierre el documento.

4.10 APLICAR ESTILOS

Al igual como aplica *Negrita* y *Cursiva*, los estilos son prácticamente **formatos preestablecidos**, pero con un valor agregado. Este valor agregado permite estructurar su documento de tal manera que puede sacarle provecho usando la vista *Esquema* para organizar sus temas principales (véase "Vistas de un documento" anteriormente en este capítulo). Si decide no usar estilos, aplicar el formato adecuado a su documento puede tardar mucho tiempo.

Puede encontrar una galería de estilos desde la ficha **Inicio**, grupo **Estilos**. Use el botón **Más** para expandir la galería de estilos y seleccionar el que necesite para su documento.

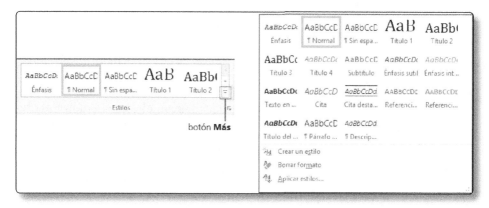

Figura 4.40. Galería del grupo Estilos (izquierda). Galería expandida del grupo estilos (derecha).

Para aplicar un estilo a sus textos, siga estos pasos:

1. Seleccione o clic en algún lugar del texto al que quiere aplicar estilos.

2. En la ficha **Inicio**, grupo **Estilos**, realice alguna de estas acciones:

   - Clic en algún estilo de la galería.

   - Use las flechas arriba y/o abajo para buscar otros estilos y clic en el estilo que desee.

   - Clic en el botón **Más** y luego seleccione el estilo que desee.

5

ESTRUCTURAR DOCUMENTOS

Un documento no solo se compone de texto, hay muchos otros elementos que ayudarán a tener un resultado final óptimo. Entre estos elementos están las imágenes, las tablas o los encabezados.

Cuando inserta alguno de estos elementos, Word muestra una ficha contextual -con varias fichas - en la cinta de opciones. Estas fichas contienen los comandos que usará para un determinado elemento. Esto significa que los comandos suelen ser bastante diferentes entre un elemento a otro.

En este capítulo aprenderá a insertar diversos elementos a sus documentos y aplicarles el formato adecuado. Sin embargo, también encontrará herramientas importantes que le harán cambiar el aspecto de sus documentos, y colaborar con otras personas.

5.1 INSERTAR IMÁGENES

Word 2016 acepta casi todos los tipos de formatos de imagen, o al menos los más utilizados. Estas imágenes pueden estar guardadas en su disco duro local, pueden descargarse directamente online o inclusive ser capturadas.

Seguramente ha insertado imágenes desde su disco duro local durante años, sin embargo, desde la versión 2013 puede hacerlo online. La ventana de diálogo **Insertar imágenes** le da varias alternativas para encontrar la imagen que necesita.

Si antes tenía que ir a un buscador, buscar la imagen, descargarla y luego insertarla en el documento, ahora todo ese proceso se hace desde la ventana de diálogo **Insertar imágenes**. El buscador por defecto es **Bing**, solo escriba la palabra clave que coincida con un criterio de búsqueda y con unos cuantos clics tendrá la imagen directamente insertada en el documento. Es más, si ha conectado sus servicios a Office 2016 (véase "Revisar la información de la cuenta") podrá insertar imágenes directamente desde OneDrive, o desde su propio Facebook.

Figura 5.1. Ventana de diálogo Insertar imágenes online.

Otra forma de insertar una imagen en su documento es capturándola. Desde Word 2010 puede capturar lo que está en su pantalla. Imagínese que aparece un mensaje de error en su ordenador y necesita ayuda, se lo cuenta a su amigo y este le pide que por favor "le envíe la captura de pantalla del error" para ayudarlo. Antes de pensar en usar su teléfono móvil para tomarle una foto a su pantalla, use el comando **Captura** para tal propósito.

Para insertar una imagen a su documento, siga estos pasos:

Insertar una imagen local:

1. Clic en la ficha **Insertar**, y en el grupo **Ilustraciones**, clic en el botón **Imágenes**. Se abre el cuadro de diálogo **Insertar imagen**.

2. En el cuadro de diálogo **Insertar imagen**, navegue hasta la carpeta donde se encuentra guardada el archivo de imagen que quiera insertar.

3. Clic en el archivo de imagen a insertar.

4. Clic en **Insertar**.

Insertar una imagen en línea desde Bing:

1. Clic en la ficha **Insertar**, y en el grupo **Ilustraciones**, clic en el botón **Imágenes en línea**. Se abre la ventana de diálogo **Insertar imágenes**.

2. En la ventana de diálogo **Insertar imágenes**, clic en el cuadro de búsqueda de **Búsqueda de imágenes en Bing**.

3. Escriba el texto que coincida con un criterio de búsqueda. Por ejemplo, busque `oso de anteojos`.

4. Pulse **Enter** o clic en el botón **Buscar** (icono de lupa).

5. Dentro de los resultados de búsqueda, clic en la imagen que quiera insertar.

6. Clic en el botón **Insertar** para que la imagen se inserte en el documento.

Figura 5.2. Resultados de búsqueda para "Oso de anteojos".

Capturar pantalla:

1. Use el teclado para capturar la pantalla siguiendo alguno de estos métodos:

   - **Capturar toda la pantalla:** Pulse **Impr pant**.
   - **Capturar solo la ventana:** Pulse **Alt+Impr pant**.

2. Active su documento de Word y clic en el lugar donde quiera que aparezca la imagen.

3. Pegue la captura siguiendo alguno de estos métodos:

- Ficha **Inicio**, grupo **Portapapeles**, clic en **Pegar**.
- Haga clic derecho y seleccione la opción **Pegar**.
- Pulse **Ctrl+V**.

O

1. Clic en la ficha **Insertar**, y en el grupo **Ilustraciones**, clic en el botón desplegable **Captura**. Se muestra una lista de miniaturas de las ventanas abiertas.

2. En la lista desplegable, clic en la miniatura que quiera insertar.

Insertar un recorte de pantalla:

1. Clic en la ficha **Insertar**, y en el grupo **Ilustraciones**, clic en el botón desplegable **Captura**.

2. En la lista desplegable, clic en la opción **Recorte de pantalla**. La pantalla se atenúa y activa la ventana que está por detrás de su documento actual.

3. Clic sin soltar y arrastre para seleccionar una porción de pantalla que se insertará en el documento.

5.1.1 Alinear y aplicar formato a una imagen

Cuando inserta una imagen, por defecto, esta se alinea con el texto. Esto significa que no podrá mover libremente la imagen ya que siempre intentará posicionarse junto a las líneas de párrafo del documento. Para darle mayor comodidad, tendrá que usar el comando **Ajustar texto** y luego podrá posicionar su imagen en el lugar que quiera.

Para aplicar un formato a su imagen debe usar la ficha **Formato**, de la ficha contextual **Herramientas de imagen**. Esta ficha se activa cada vez que selecciona la imagen, y desaparece cuando hace clic en cualquier parte libre del documento.

Figura 5.3. Ficha Formato.

Para alinear la imagen a alguna posición en el documento y aplicar formato, siga estos pasos:

Cambiar la posición de la imagen en el documento:

1. Clic en la ficha **Formato**, y en el grupo **Organizar**, clic en el botón desplegable **Posición**.

2. Clic en las opciones de la lista desplegable.

Figura 5.4. Lista desplegable del botón *Posición*.

Mover la imagen manualmente a alguna posición en el documento:

1. Clic en la ficha **Formato**, y en el grupo **Organizar**, clic en el botón desplegable **Ajustar texto**.

2. Clic en alguna de las opciones de la lista desplegable.

- **En línea con el texto:** Mantiene la imagen en línea con el texto de tal manera que el objeto se mueva a lo largo del párrafo actual.

- **Cuadro:** Ajusta el texto a la izquierda y derecha de la imagen.

- **Estrecho:** El texto fluye hasta el borde del objeto seleccionado sin dejar margen de espacio en blanco.

- **Transparente:** El texto fluye hasta el borde del objeto, pero puede personalizar la fluidez usando Modificar puntos de ajuste.

- **Arriba y abajo:** Fluye el texto encima y por debajo pero no a través de la imagen. El texto no aparece en los lados del objeto ya que ese área se queda en blanco.

- **Detrás de texto:** Fluye el texto sobre la imagen.

- **Delante del texto:** Muestra el texto detrás de la imagen.

- **Modificar puntos de ajuste:** Crea un nuevo delimitador de su forma que le permite diseñar la manera en la que el texto se ajustará alrededor del objeto.

O

1. Clic en el botón contextual **Ajustar texto** ubicado a la derecha de la imagen seleccionada.

2. Clic en alguna de las opciones de la lista desplegable.

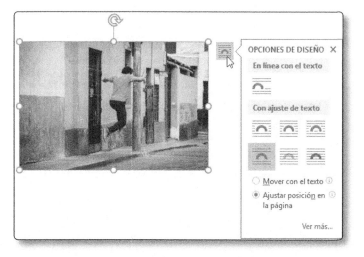

Figura 5.5. Botón contextual Ajustar texto.

Girar la imagen:

1. Clic en la ficha **Formato**, y en el grupo **Organizar**, clic en el botón desplegable **Girar objetos**.

2. Seleccione alguna de las opciones de giro.

O

1. Clic sin soltar sobre el controlador de giro ubicado en la parte superior de la imagen seleccionada.

2. Clic sin soltar y gire hacia el lado que desee.

Figura 5.6. Girar imagen.

Aumentar o disminuir proporcionalmente el tamaño de la imagen:

1. Posicione el puntero del ratón hasta convertirse en una flecha inclinada de dos puntas en los controladores de las esquinas.

2. Clic sin soltar y arrastre en diagonal hacia cualquiera de los lados.

Figura 5.7. Aumentar o disminuir el tamaño de una imagen.

O

1. Clic en la ficha **Formato**.

2. En el grupo **Tamaño**, cambie uno de los valores de:

   - **Ancho de forma**
   - **Alto de forma**

3. Pulse Enter para aceptar el valor cambiado.

Figura 5.8. Valores de Ancho y Alto de forma en el grupo Tamaño.

Aumentar o disminuir el ancho o el alto de la imagen:

1. Posicione el puntero del ratón hasta convertirse en una flecha de dos puntas en los controladores superior, inferior, derecha o izquierda.

2. Clic sin soltar y arrastre hacia:

   - Arriba o abajo si es el alto.
   - Izquierda o derecha si es el ancho.

O

1. Clic en la ficha **Formato**.

2. En el grupo **Tamaño**, clic en el Iniciador de cuadro de diálogo. Se abre el cuadro de diálogo **Diseño**.

3. Dentro del cuadro de diálogo **Diseño**, en la ficha **Tamaño**, en la sección **Escala**, deshabilite la casilla **Bloquear relación de aspecto**.

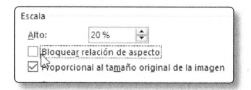

Figura 5.9. Deshabilitar la casilla Bloquear relación de aspecto.

4. Clic en **Aceptar** del cuadro de diálogo **Diseño**.

5. Ahora, cambie los valores **Ancho de forma** o **Alto de forma** del grupo **Tamaño**.

6. Pulse **Enter** para aceptar el valor cambiado.

Restablecer la imagen a su tamaño original:

1. Clic en la ficha **Formato**, y en el grupo **Ajustar**, clic en la flecha desplegable del botón **Restablecer imagen**.

2. Clic en **Restablecer imagen y tamaño**.

Cambiar el estilo de la imagen:

1. Clic en la ficha **Formato**, y en el grupo **Estilos de Imagen**, realice alguna de las siguientes acciones:

   - Clic en algún estilo de la galería **Estilos de imagen**.

   - Clic en las flechas arriba y/o abajo y clic en algún estilo de la galería **Estilos de imagen**.

   - Clic en el botón Más para expandir la galería y luego clic en algún estilo.

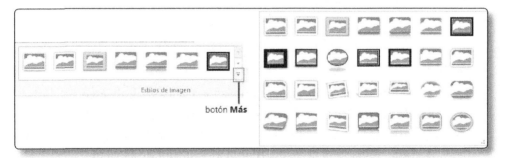

Figura 5.10. Galería Estilos de imagen.

Restablecer la imagen después de aplicar un formato:

1. Clic en la ficha **Formato**, y en el grupo **Ajustar**, clic en el botón **Restablecer imagen**.

5.1.2 Hazlo tú mismo

En este ejercicio, insertará imágenes a su documento, después aplicará una alineación y formato. Utilizaremos el archivo **Insertar_Imágenes.docx, Oso_Anteojos.jpg** y **Mapa.jpg** ubicado en **C: | OfficeData | Capítulo 5.**

> **(i) NOTA**
>
> Abrir el documento Insertar_Imágenes.docx.

1. Clic al final del texto *Es la única especie de los úrsido que existe en la actualidad en Sudamérica.* Y pulse **Enter**.

2. En esta misma posición, inserte la imagen **Oso_Anteojos.jpg**.

3. Cambie el tamaño de la imagen a **6.1 cm** de alto por **8 cm** de ancho.

4. Cambie el ajuste del texto a **Estrecho**.

5. Cambie el estilo de imagen a **Girado, blanco**.

6. Coloque la imagen a la derecha del párrafo *El oso de Anteojos es de color negro o marrón oscuro...* (Vea la Figura 5. 11)

Figura 5.11. Imagen posicionada a la derecha del párrafo.

7. Al final del documento inserte la imagen **Mapa.jpg**.

8. Cambie el tamaño de la imagen a **6.64 cm** de alto por **5.07 cm** de ancho.

9. Use la **Posición en la parte inferior derecha con ajuste de texto cuadrado**.

10. Aplique el estilo **Rectángulo de bordes suaves**.

5.2 INSERTAR TABLAS

Una Tabla en Word es un recuadro rectangular visible, o quizá invisible, que permite que se le inserte dentro de ella texto, otras tablas, celdas, imágenes y más. Las tablas permiten organizar mejor los contenidos en un documento.

Puede insertar una tabla desde la ficha **Insertar**, grupos **Tablas**, y clic en **Tabla**. Cuando hace clic en **Tabla**, se muestra una serie de pequeños cuadros el cuál le indica la dimensión que tendrá el objeto. Señale los pequeños cuadrados y la vista previa en vivo le mostrará cómo se irá insertando la tabla en el documento. La imagen muestra una vista previa en vivo de una tabla de 3 columnas x 3 filas en el documento.

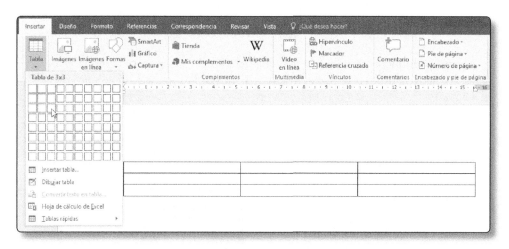

Figura 5.12. Tabla de tres filas por tres columnas.

Cuando inserte una tabla podrá agregarle texto e imágenes o quizá una tabla más dentro de la misma. Al seleccionar alguna celda, aparece la ficha contextual, **Herramientas de Tabla** y desde ahí podrá cambiar su formato y la forma de presentación de las tablas.

Aunque no se muestre a simple vista, una tabla tiene la misma estructura que las hojas de Excel, es decir, las columnas están organizadas por letras y las filas por números tal como lo muestra la Figura 5.13.

	A	B	C	D
1	A1	B1	C1	D1
2	A2	B2	C2	D2
3	A3	B3	C3	D3
4	A4	B4	C4	D4

Figura 5.13. Estructura de una tabla.

Realice los siguientes procedimientos para insertar una tabla:

Insertar una tabla:

1. Clic en la ficha **Insertar**, y en el grupo **Tablas**, clic en el botón desplegable **Tabla**.
2. Del menú desplegable, señale los pequeños cuadrados para elegir la dimensión de la tabla. Revise la etiqueta superior para saber exactamente la dimensión, por ejemplo: **Tabla de 3x3**.
3. Una vez decidida la dimensión, clic en el último cuadrado que se ha seleccionado.

O

1. Clic en la ficha **Insertar**, y en el grupo **Tablas**, clic en el botón desplegable **Tabla**.
2. Clic en la opción **Insertar tabla**. Se abre el cuadro de diálogo **Insertar tabla**.
3. Dentro del cuadro de diálogo Insertar tabla, realice lo siguiente:
   - Cambie el valor del cuadro **Número de columnas**.
   - Cambie el valor del cuadro **Número de filas**.
4. Clic en **Aceptar**.

Figura 5.14. Cuadro de diálogo Insertar tabla.

Eliminar una tabla:

1. Clic en alguna celda de la tabla.

2. Clic en la ficha **Presentación**, y en el grupo **Filas y columnas**, clic en el botón desplegable **Eliminar**.

3. En la lista desplegable clic en **Eliminar tabla**.

O

1. Usando la **Minibarra de herramientas**, clic en el botón desplegable **Eliminar**.

2. En la lista desplegable, clic en **Eliminar tabla**.

5.2.1 Insertar y eliminar filas o columnas

No siempre puede saber cuántas filas o columnas tendrá una tabla, pero aumentar o quitar filas y columnas es bastante flexible. En la ficha contextual **Herramientas de tabla**, en la ficha **Presentación**, grupo **Filas y Columnas**, encontrará los diversos botones para agregar filas y columnas. Por ejemplo, puede insertar arriba o abajo una fila, o a la derecha o izquierda una columna.

También puede insertar filas al final de la tabla si pulsa **Enter,** mientras el punto de inserción se encuentre fuera de la tabla y a la derecha de la misma. Otra manera es usando los botones **Agregar (+)** que aparecen cada vez que señala el borde de una fila o columna.

Para agregar filas y/o columnas siga estos pasos:

Insertar filas y/o columnas:

1. Señale el borde superior que separa cada columna o el borde inferior que separa cada fila, hasta que aparezca una línea de color azul con un signo **Más (+)**.

2. Clic en el signo **Más**.

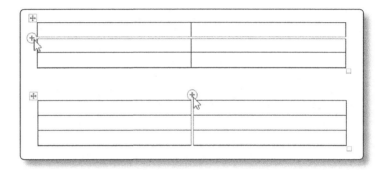

Figura 5.15. Insertar filas y/o columnas.

O

1. Clic en una celda dentro de la tabla.

2. Clic en la ficha **Presentación**, y en el grupo **Filas y columnas**, realice alguna de estas acciones:

   - **Filas:** Clic en **Insertar arriba** o **Insertar debajo**.
   - **Columnas:** Clic en **Insertar a la izquierda** o **Insertar a la derecha**.

O

1. Con el botón derecho haga clic en una celda dentro de la tabla.

2. Señale Insertar y realice alguna de estas acciones:

   - **Filas:** Clic en **Insertar filas encima** o **Insertar filas debajo**.
   - **Columnas:** Clic en **Insertar columnas a la izquierda** o **Insertar columnas a la derecha**.

Eliminar filas y/o columnas:

1. Clic en una celda dentro de la tabla o seleccione toda la fila o columna.

2. Clic en la ficha **Presentación**, y en el grupo **Filas y columnas**, clic en el botón desplegable **Eliminar**.

3. En la lista desplegable realice alguna de estas acciones:

   - Clic en **Eliminar Filas.**
   - Clic en **Eliminar Columnas**

O

1. Con el botón derecho haga clic en una celda dentro de la tabla donde quiera eliminar la fila o columna.

2. Usando la **Minibarra de herramientas**, clic en el botón desplegable **Eliminar**.

3. De la lista desplegable, realice alguna de estas acciones:

   - Clic en **Eliminar Filas.**
   - Clic en **Eliminar Columnas**

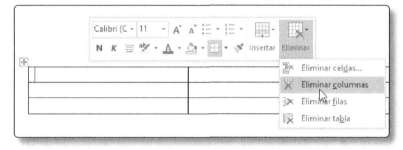

Figura 5.16. Usar Minibarra de herramientas para eliminar filas o columnas

Cambiar el tamaño de celda, columna y/o fila:

1. Clic en alguna celda al que quiera cambiar el tamaño de columna y/o fila.

2. Clic en la ficha **Presentación**, y en el grupo **Tamaño de celda**, realice alguna de estas acciones:

   - Cambie el valor del cuadro **Alto de fila de tabla**.
   - Cambie el valor del cuadro **Ancho de columna de tabla**.

Combinar celdas:

1. Seleccione las celdas que quiera combinar.

2. Clic en la ficha **Presentación**, y en el grupo **Combinar**, clic en **Combinar celdas**.

Alinear el texto dentro de la celda:

1. Clic en alguna parte del texto que quiera alinear o selecciónelo.

2. Clic en la ficha **Presentación**, y en el grupo **Alineación**, clic en alguna de las siguientes opciones:

   - Alinear arriba a la izquierda.
   - Alinear arriba en el centro.
   - Alinear arriba a la derecha.
   - Alinear en el centro a la izquierda.
   - Alinear verticalmente.
   - Alinear en el centro a la derecha.
   - Alinear abajo a la izquierda.
   - Alinear abajo en el centro.
   - Alinear abajo a la derecha.

Figura 5.17. Grupo Alineación.

5.2.2 Hazlo tú mismo

En este ejercicio trabajará estructurando una tabla. Usaremos el archivo **Tablas.docx,** ubicado en **C: | OfficeData | Capítulo 5.**

(i) **NOTA**

Abrir el documento *Tablas.docx*.

1. En la tabla que está en el documento, inserte una columna a la izquierda de la **Columna B**.

2. Inserte una fila nueva al principio de la tabla.

3. En la fila insertada agregue lo siguiente en cada columna:
   - **Columna A:** *Certificación*
   - **Columna B**: *Exámenes*
   - **Columna C:** *Objetivos*

4. A los textos que acaba de ingresar, aplique:
   - **Atributo:** Negrita
   - **Alineación:** Centrar

5. Elimine la última columna.

6. Elimine la última fila.

7. En las celdas de la columna **Exámenes**, agregue lo siguiente respectivamente:
   - **Celda B2:** *Fundamentos de computación*
   - **Celda B3:** *Aplicaciones Clave*
   - **Celda B4:** *Viviendo en Línea*

8. A los textos que acaba de introducir aplique:
   - **Atributo:** Negrita
   - **Alineación:** Izquierda
   - **Color de fuente:** Azul, Énfasis 5.
   - Sin viñeta**.**

9. Combine las celdas A2, A3 y A4.

10. Al texto *IC3* aplique:
    - **Tamaño de fuente:** 42 ptos.
    - **Atributo:** Negrita
    - **Color:** Verde claro

11. Cambie la columna **Certificación** a **3.4 cm** de ancho.

12. Cambie la columna **Exámenes** a **3.5 cm** de ancho.

13. Cambie la columna **Objetivos** a **6 cm** de ancho.

14. Guarde los cambios y cierre el documento.

La tabla debe verse de este modo:

Certificación	Exámenes	Objetivos
IC3	Fundamentos de Computación	• Aspectos fundamentales del sistema operativo. • Conceptos y hardware de la computadora. • Conceptos y software de la computadora. • Resolución de problemas.
	Aplicaciones Clave	• Funciones de aplicaciones comunes. • Métodos y actividades de procesamiento de palabras. • Actividades de hojas de cálculo. • Actividades de presentación. • Interacciones de base de datos básicas. • Colaboración
	Viviendo en Línea	• Redes • Correo electrónico • Uso de internet • Informática y la sociedad

Figura 5.18. Tabla terminada.

5.3 INSERTAR ENCABEZADOS Y PIES DE PÁGINA

Aparentemente, los encabezados y pies de página son las áreas en los márgenes superior e inferior de cada página, pero no necesariamente es así. En Word, los encabezados y pies de página son capas distintas en su documento, usualmente detrás del área de texto. Esto significa que puede añadir cualquier elemento en estas capas.

Para insertar un estilo de encabezado o pie de página siga estos pasos:

Insertar un estilo de encabezado o pie:

1. Clic en la ficha **Insertar**, y en el grupo **Encabezado y pie de página**, realice alguna de estas acciones:
   - Clic en el botón desplegable **Encabezado**.
   - Clic en el botón desplegable **Pie de página**.
2. De la lista desplegable, clic en el estilo de encabezado o pie de página que desee.

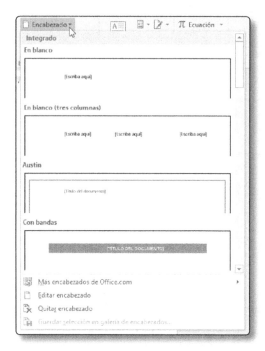

Figura 5.19. Estilos de encabezados.

Editar el encabezado o pie:

1. Clic en la ficha **Insertar**, y en el grupo **Encabezado y pie de página**, realice alguna de estas acciones:

   - Clic en el botón desplegable **Encabezado**.
   - Clic en el botón desplegable **Pie de página**.

2. De la lista desplegable, seleccione:

   - Editar encabezado
   - Editar pie de página

O

1. Doble clic en el área de margen de:

   - Parte superior del documento para editar el encabezado.
   - Parte inferior del documento para editar el pie de página.

Quitar encabezado o pie:

1. Clic en la ficha **Insertar**, y en el grupo **Encabezado y pie de página**, realice alguna de estas acciones:
   - Clic en el botón desplegable **Encabezado**.
   - Clic en el botón desplegable **Pie de página**.

2. De la lista desplegable, seleccione:
   - Quitar encabezado
   - Quitar pie de página

Agregar número de página en la posición a:ctual

1. Entre en la edición del encabezado o pie de página.

2. Posicione el punto de inserción en el lugar donde quiere que aparezca el número de página. Use los botones de alineación del grupo Párrafo, en la ficha Inicio para este procedimiento.

3. Clic en la ficha **Insertar**, y en el grupo **Encabezado y pie de página**, clic en Número de página.

4. Señale **Posición actual** y clic en el estilo que desee.

Figura 5.20. Insertar número de página en la posición actual.

5.4 MODIFICAR EL ASPECTO DE UN DOCUMENTO

Es importante saber el tamaño de papel, la orientación y los márgenes con el que va a redactar los documentos, ya que de ello depende la calidad y estructura del mismo.

Se recomienda que elija cuanto antes el tamaño de papel, de esa manera puede continuar redactando el documento sin ningún inconveniente; si está utilizando un tamaño de papel diferente, puede cambiarlo aún, pero tenga en cuenta que, si ya estructuró su documento, este puede sufrir algunos cambios que quizá no le gusten nada. No elija el tamaño de papel porque sí: el tamaño de papel depende mucho de la impresora con la que va a imprimir. Si no posee una impresora que soporte un tamaño de papel en especial, es posible que el tamaño que esté buscando no aparezca en la lista de opciones del botón **Tamaño**; sin embargo, aún puede trabajar su documento como un tamaño de papel personalizado, pero deberá utilizar una impresora de terceros para la impresión.

La orientación predeterminada es vertical, y de seguro es la más usada para todo tipo de documentos. Cuando necesita crear una tabla, es posible que la orientación vertical sea muy angosta para tal propósito, entonces puede cambiar la orientación a horizontal.

Por otro lado, los márgenes en su documento controlan la cantidad de espacio en blanco de la parte superior, inferior, izquierda y derecha del documento. Cuando comienza a trabajar con un nuevo documento, el margen predeterminado es del tipo `Normal`, que equivale `3 cm` a la izquierda y derecha y `2.5 cm` en la parte superior e inferior.

> **Para cambiar el tamaño de papel:**

1. Clic en la ficha **Formato**, y en el grupo **Configurar página**, clic en el botón desplegable **Tamaño**.

2. Clic en el tamaño que necesite.

> **Para cambiar la orientación:**

1. Clic en la ficha **Formato**, y en el grupo **Configurar página**, clic en el botón desplegable **Orientación**.

2. Clic en la opción Vertical y Horizontal según sea el caso.

Para cambiar los márgenes:

1. Clic en la ficha **Formato**, y en el grupo **Configurar página**, clic en el botón desplegable **Márgenes**.

2. Clic en la opción de margen que necesita.

5.5 COLABORACIÓN DE DOCUMENTOS

Si está trabajando para una organización o un pequeño negocio, podría necesitar colaborar con otras personas para el desarrollo del contenido en un documento.

Por lo general, los usuarios hacen copias del archivo y cada uno de ellos -involucrados en el documento- realiza los cambios necesarios para luego volverlos a unir en un solo archivo. Para sacar provecho a las opciones de colaboración, debe almacenar el documento en una ubicación compartida como una biblioteca de documentos en SharePoint o una carpeta de OneDrive.

Enviar una invitación a otro usuario:

1. Clic en el botón **Compartir** ubicado al extremo derecho de la cinta de opciones. Se abre el panel **Compartir**.

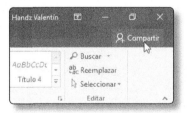

Figura 5.21. Botón Compartir.

2. En el cuadro **Invitar a personas**, escriba la dirección de correo electrónico de la persona con la cual va a colaborar en el documento.

3. En el cuadro desplegable seleccione los permisos de edición.

4. En el cuadro en blanco más grande, escriba un breve mensaje.

5. Clic en el botón **Compartir**.

6. El otro usuario deberá recibir en breve un mensaje de correo electrónico con un enlace para acceder al documento compartido.

Figura 5.22. Panel *Compartir.*

6

CONOCIENDO EXCEL 2016

Excel 2016 es una aplicación de hoja de cálculo usado por casi todo el mundo. Sus herramientas potentes y el uso fácil de su interfaz, han hecho de esta aplicación la más popular entre los usuarios, los profesionales de la información y todo aquel que necesite realizar algún análisis de datos.

Cuando entre a trabajar con Excel se dará cuenta que su ventana es muy parecida a una hoja cuadriculada, y es posible que ni bien la vea, ya tenga una idea de cómo usar esta aplicación. Sí, simplemente agregue los datos en cada uno de esos pequeños y delgados rectángulos, y luego, use una función para obtener un resultado. Listo, eso es todo.

En este capítulo aprenderá diversas herramientas básicas de Excel, desde la introducción de datos hasta la aplicación de formato.

6.1 INTRODUCIR DATOS EN EXCEL

Excel 2016 permite introducir diferentes tipos de datos. Aunque su especialidad son los números, también puede insertar texto, fórmulas, fechas y horas y otros tipos de datos más.

Para añadir cualquier dato basta con hacer clic en la celda de destino y empezar a agregar su contenido. Tenga en cuenta que en este tipo de acciones la barra de estado es un buen aliado. Por ejemplo, cuando selecciona la celda donde introducirá sus datos la barra de estado muestra el texto "*Listo*". Esto indica que puede agregar contenido con total normalidad. Cuando ya va escribiendo más datos, el texto que muestra la barra de estado es "*Introducir*", tal como lo muestra la imagen.

Figura 6.1. Información de la barra de estado.

La siguiente lista muestra más información sobre estos estados:

▶ **Listo:** Esta información aparece cuando selecciona una celda para luego ingresar datos dentro de la misma.

▶ **Introducir:** Solo aparece cuando añade datos en una celda vacía.

▶ **Modificar:** Aparece cuando edita los datos en una celda.

▶ **Señalar:** Esta información solo es mostrada cuando se selecciona una celda o rango mientras usa fórmulas.

Introducir datos en las celdas:

1. Clic en la celda donde quiera añadir datos.

2. Escriba sus datos y luego realice alguna de estas acciones.

   ● **Pulse la tecla Enter.** El dato se añade a la celda y se selecciona la celda de abajo.

   ● **Pulse Ctrl+Enter**. El dato se añade a la celda y a su vez se queda como celda activa.

   ● **Clic en el botón Introducir**. Ubicado en la barra de fórmulas con un icono de visto bueno (check).

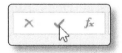

Figura 6.2. Botón Introducir en la barra de fórmulas.

Modificar el contenido de una celda:

1. Realice alguna de estas acciones:

   ● Doble clic en la celda de destino.
   ● Seleccione la celda de destino y pulse *F2*.

6.1.1 Los valores numéricos

Al utilizar o revisar algunos trabajos hechos en Excel, encontrará gran variedad de datos numéricos, como edades, sueldos, descuentos, bonificaciones, etc. Excel trata a los números con total flexibilidad ya que permite realizar diferentes operaciones y cálculos. Al ingresar un valor numérico este se alinea a la derecha de la celda.

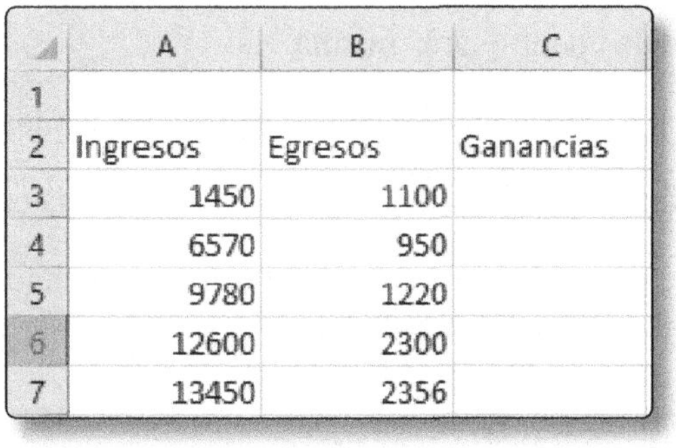

	A	B	C
1			
2	Ingresos	Egresos	Ganancias
3	1450	1100	
4	6570	950	
5	9780	1220	
6	12600	2300	
7	13450	2356	

Figura 6.3. Valores numéricos.

6.1.2 Los textos

Al diseñar plantillas, recibos o cuadros estadísticos, siempre necesitará de los textos para brindar una mejor presentación y que esta sea entendible. Los textos nos ayudan a que sepamos donde introducir los datos o porqué lo agregamos en ese lugar.

Cada celda es independiente y puede albergar gran cantidad de texto, cada texto que inserte en una celda y no sobrepase el ancho de la misma se alinea a la izquierda. Si el texto es demasiado largo, aparentará sobrepasar la celda de lado, pero recuerde que el texto sigue estando en la celda donde escribió.

6.1.3 Introducir fechas

Las fechas insertadas en las celdas de Excel son series de números empezando por el número **1** que en fecha equivale al **01 de Enero de 1900**, el número 2 equivale a **02 de Enero de 1900**. Quizá le parezca complicado ingresar una serie de números, pero puede ingresar fechas utilizando un simple formato como, por ejemplo: **01/01/2016**.

6.1.4 Introducir horas

Cuando se está trabajando con horas, simplemente se debe aumentar los decimales a los números de serie que utiliza para las fechas. Por ejemplo, el número de serie del **01 de junio de 2007** es **39234**. Si añade el número **39234.5**, estará en el **01 de junio de 2007** al mediodía. Pero simplemente puede introducir un valor de hora con un formato permitido como: **13:05**.

6.1.5 Insertar fórmulas

A Excel se le llama hoja de cálculo gracias a la inserción de fórmulas. Incluso estas fórmulas pueden utilizar textos (funciones) para realizar diferentes acciones.

Las fórmulas pueden ser simples expresiones matemáticas, o pueden ser fórmulas muy potentes llegando a utilizar las diversas funciones que posee Excel 2016. Una fórmula debe comenzar por el símbolo **igual (=)** seguidamente de la expresión, por ejemplo: `=20+50` que permite sumar el número 20 con el número 50. Otro ejemplo es: `=20-(5*2)` que resta el número 20 a la multiplicación de 5 por 2.

> **NOTA**
> Las fórmulas pueden utilizar datos constantes (números fijos) o referencias de celda, de esta manera las operaciones serán más flexibles.

6.1.6 Hazlo tú mismo

En este ejercicio introducirá diversos tipos de datos a sus celdas. Se usará el archivo **Resumen.xlsx** ubicado en **C: | OfficeData | Capítulo 6.**

> **NOTA**
> Abrir el libro Resumen.xlsx.

1. En la celda **A1** agregue: `Resumen de ganancias.`

2. Añada los siguientes datos de texto:

   - **A2:** *Ingresos*
   - **B2:** *Gastos*
   - **C2:** *Ganancias*
   - **D2:** *Fechas*

3. Añada los siguientes datos numéricos:

   - **A3:** *1500*
   - **A4:** *1320*
   - **A5:** *2200*

4. Añada en **D3** la fecha: *01/01/2016*.

5. Añada las siguientes fórmulas:

   - **C3:** *=A3-B3*
   - **C4:** *=A4-B4*
   - **C5:** *=A5-B5*

6. Guarde los cambios y cierre el libro.

6.2 APLICAR FORMATOS A SUS CELDAS

Como ya sabrá, Excel muestra una gran variedad de herramientas para poder aplicar formatos a los valores y los cuadros que haya hecho. Una buena aplicación del formato a un trabajo hecho en Excel, hablará muy bien de usted y hará saber que su trabajo es impecable y que tomó mucho esmero en crearlo. Por lo general las opciones de formato se encuentran en la ficha **Inicio**, dentro del grupo **Fuente**, tal como muestra la imagen.

Figura 6.4. Grupo Fuente de la ficha Inicio.

En la siguiente tabla se muestran los diferentes botones que puede utilizar para aplicar formatos a las celdas e incluso a los valores dentro de las celdas.

Botón	Nombre	Lugar	Descripción
Calibri	Fuente	Inicio/Fuente	Cambia la fuente.
11	Tamaño de fuente	Inicio/Fuente	Cambia el tamaño de fuente.
N	Negrita	Inicio/Fuente	Aplica el formato de negrita al texto seleccionado
K	Cursiva	Inicio/Fuente	Aplica el formato de cursiva al texto seleccionado
S	Subrayado	Inicio/Fuente	Aplica el formato de subrayado al texto seleccionado
A	Color de fuente	Inicio/Fuente	Cambia el color del texto.
	Color de relleno	Inicio/Fuente	Colorea el fondo de las celdas seleccionadas.
	Bordes	Inicio/Fuente	Aplica bordes a las celdas seleccionadas.

Con este ejercicio aprenderá a aplicar formato a sus datos y celdas en Excel. Usaremos el archivo **Formato.xlsx** ubicado en **C: | OfficeData | Capítulo 6.**

(i) **NOTA**

Abrir el libro *Formato.xlsx*.

1. Seleccione la celda A1 y en la ficha **Inicio**, en el grupo **Fuente**, haga clic en la flecha desplegable del cuadro **Fuente**.

2. En la lista desplegable, haga clic en la fuente **Segoe UI.**

3. Clic en el botón **Negrita**.

4. Clic en la flecha del botón **Color de fuente** y clic en el color **Azul**.

5. Clic sin soltar sobre la celda **A2** y arrastre hasta la celda **D2**. Con esta acción, acaba de seleccionar el rango **A2:D2**.

6. Clic en la flecha del botón **Color de relleno** y clic en el color **Verde, Énfasis 6, Oscuro 25%**.

7. Clic nuevamente en la flecha del cuadro desplegable **Fuente** y seleccione la fuente **Tahoma**.

8. Clic nuevamente en la flecha del botón desplegable **Color de fuente** y clic en **Blanco, Fondo 1**.

9. Clic sin soltar sobre la celda **A3** y arrastre hasta la celda **D10**. Acaba de seleccionar el rango **A3:D10**.

10. Clic en la flecha del botón desplegable del botón **Bordes**.

11. Clic en **Todos los bordes**. Cada celda seleccionada tiene un borde alrededor.

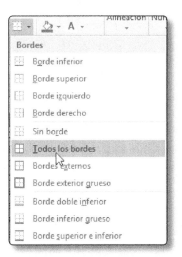

Figura 6.5. Lista de opciones del botón Bordes.

12. Guarde los cambios y cierre el libro.

6.3 APLICAR FORMATOS A LOS VALORES NUMÉRICOS

Excel puede aplicar diferentes formatos a los números introducidos en las celdas. Puede aplicar estos formatos desde la ficha Inicio, grupo **Número**.

En la siguiente tabla se muestran los diferentes botones que puede utilizar para aplicar formatos a los valores numéricos.

Comando	Descripción
Número	**Formato de número:** Permite seleccionar en una lista desplegable los diversos formatos de números que posee Excel, como los porcentajes, fechas, fracciones y más.
	Formato de número de contabilidad: Permite cambiar el formato de un número a moneda. Dependiendo de su configuración regional, aparecerá el símbolo de moneda adecuado.
%	**Estilo porcentual:** Aplica el formato de porcentaje a un número. En especial el número debe ser un decimal.
000	**Estilo Millares:** Agrega una coma para separar los millares.
	Aumentar decimales: Permite aumentar los números decimales de un valor.
	Disminuir decimales: Permite disminuir los números decimales de un valor. Si el decimal es 5 o más, el número entero muestra un redondeo.

Otra forma de aplicar estos formatos es usando el cuadro de diálogo Formato de celda. Dentro del cuadro de diálogo **Formato de celda**, debe activar la ficha **Número**, y desde ahí podrá cambiar los formatos necesarios.

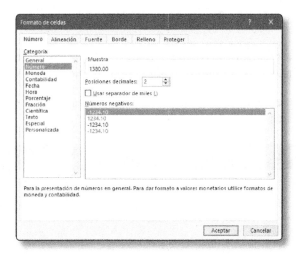

Figura 6.6. Cuadro de diálogo Formato de celdas.

Para abrir el cuadro de diálogo **Formato de celdas** siga estos pasos:

Abrir Formato de celdas

1. Clic en la ficha **Inicio**, y en el grupo **Número**, haga clic en el Iniciador de cuadro de diálogo.

O

1. Seleccione la celda o rango de celdas al que quiere aplicar formato.

2. Con el botón derecho haga clic sobre la selección y haga clic en **Formato de celdas**.

O

1. Pulse `Ctrl+1`.

En el siguiente ejercicio aprenderemos a aplicar formato a sus valores numéricos. Se usará el archivo **Formato_Número.xlsx** ubicado en **C: | OfficeData | Capítulo 6.**

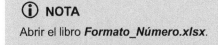

ⓘ **NOTA**

Abrir el libro *Formato_Número.xlsx*.

1. Seleccione el rango **A3:A10**.

2. En la ficha **Inicio**, en el grupo **Número**, haga clic en el botón **Formato de número de contabilidad**. Dependiendo de la configuración de su equipo, aparecerá el símbolo de moneda en los números seleccionados.

3. Seleccione el rango **B3:B10**.

4. En el grupo **Número**, haga clic en la flecha desplegable del cuadro **Formato de número**.

5. De la lista desplegable, haga clic en **Moneda**. Observe que los formatos de la columna *Ingresos* y *Gastos* son ligeramente diferentes debido a las cifras numéricas.

6. Seleccione el rango **C3:C10**.

7. Active el cuadro de diálogo **Formato de celdas**.

8. En la ficha **Número**, clic en la categoría **Moneda**. Ahora vamos a configurar el formato.

9. En **Posiciones decimales** cambie el valor a **cero (0)**.

10. En **Símbolo**, busque el símbolo de moneda de su país, en el ejemplo es el **euro**.

11. En la sección Números negativos, seleccione la última opción: **-1,234 €** (**en rojo**), tal como lo muestra la Figura 6. 7.

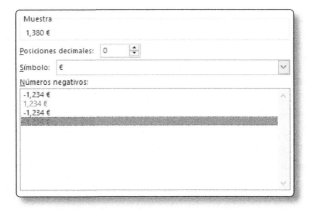

Figura 6.7. Configurar el formato de moneda.

12. Clic en **Aceptar** del cuadro de diálogo **Formato de celdas**. Note que el formato de la columna **Ganancias** no tiene ningún decimal.

13. Seleccione la celda **B8** y cambie por el valor *1200*. Observe que en la celda **C8** el resultado cambió, resaltando en color rojo el valor negativo, tal y como lo configuró en el **paso 11**.

14. Seleccione cualquiera de las celdas de la columna **Ganancias**.

15. En la ficha **Inicio**, en el grupo **Portapapeles**, clic en el botón **Copiar formato**.

16. Seleccione todos los valores de la columna **Egresos**. Note que ha copiado solo el formato de la columna **Ganancias** a **Egresos**, mas no los datos.

17. Cambie el formato de la columna **Ingresos** para que se vea igual que **Ganancias** y **Gastos**.

18. Seleccione el rango **A3:C10**.

19. En el grupo **Número**, clic en el botón **Aumentar decimales**. El formato de los números cambia para mostrar un solo decimal.

20. Seleccione el rango D4:D10.

21. En el grupo **Número**, clic en la flecha desplegable del cuadro **Formato de número** y seleccione **Fecha corta**. Como puede notar, los números se convierten en fechas.

22. Guardes los cambios y cierre el libro.

6.4 TRABAJAR CON FILAS Y COLUMNAS

Una hoja de cálculo está compuesta por una cuadrícula de filas y columnas que pueden ser manipuladas de forma muy sencilla. Las columnas están representadas por letras y las filas por números. Cuando inserta o elimina una fila o columna en realidad no lo hace. ¿Esto qué significa? Por ejemplo, las columnas empiezan desde A y terminan en XFD y ese es su límite. Por lo tanto, al insertar o eliminar una columna lo único que hace es mover o trasladar las demás columnas a nuevas posiciones.

Cuando quiere insertar una columna nueva, esta se agrega a la izquierda; cuando se trata de una fila nueva, esta se agrega encima. Por otro lado, cuando crea sus listas de datos estos pueden tener diferentes diseños o estructuras, algunas columnas quizás tengan más información que otras, así que tendrá que ajustarlas para que los datos puedan mostrarse correctamente. Por ejemplo, cuando vea estos caracteres ##### significa que el ancho de columna no es lo suficientemente amplio para mostrar el valor.

Para manipular sus filas y columnas siga estos pasos:

Insertar filas y/o columnas:

1. Clic en la celda desde donde desee insertar una fila o columna nueva.

2. Clic en la ficha **Inicio**, y en el grupo **Celdas**, clic en la flecha desplegable del botón **Insertar**.

3. En la lista desplegable elija alguna de las dos opciones según sea el caso:

   - Insertar filas hoja
   - Insertar columnas de hoja

O

1. Con el botón derecho haga clic en la celda desde donde desee insertar una fila o columna nueva.

2. Del menú contextual, clic en **Insertar...** Se abre el cuadro de diálogo **Insertar**.

3. Seleccione alguna de las opciones según sea el caso:

   - Insertar toda una fila
   - Insertar toda una columna

4. Clic en **Aceptar**.

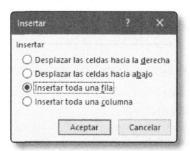

Figura 6.8. Cuadro de diálogo *Insertar*.

Mover celdas:

1. Seleccione la celda o rango de celdas que desea mover.

2. Active el cuadro de diálogo **Insertar** utilizando alguno de estos métodos:

    • Clic en la ficha **Inicio**, y en el grupo **Celdas**, clic en la flecha desplegable del botón **Insertar**. En la lista desplegable clic en **Insertar celdas**…

    • Con el botón derecho haga clic sobre la celda o rango seleccionado, y clic en **Insertar**…

3. Seleccione alguna de las opciones según sea el caso:

    • Desplazar las celdas hacia la derecha
    • Desplazar las celdas hacia abajo

4. Clic en Aceptar.

Eliminar filas y/o columnas:

1. Clic en la celda desde donde desee eliminar una fila o columna.

2. Clic en la ficha **Inicio**, y en el grupo **Celdas**, clic en la flecha desplegable del botón **Eliminar**.

3. En la lista desplegable elija alguna de las dos opciones según sea el caso:

    • Eliminar filas hoja
    • Eliminar columnas de hoja

O

1. Con el botón derecho haga clic en la celda desde donde desee eliminar una fila o columna.

2. Del menú contextual, clic en **Eliminar…** Se abre el cuadro de diálogo **Eliminar**.

3. Seleccione alguna de las opciones según sea el caso:

    • Toda la fila
    • Toda la columna

4. Clic en **Aceptar**.

Eliminar y mover celdas:

1. Seleccione la celda o rango de celdas que desea eliminar.

2. Active el cuadro de diálogo **Eliminar** utilizando alguno de estos métodos:

   - Clic en la ficha **Inicio**, y en el grupo **Celdas**, clic en la flecha desplegable del botón **Eliminar**. En la lista desplegable clic en **Eliminar celdas**...

   - Con el botón derecho haga clic sobre la celda o rango seleccionado, y clic en **Eliminar**...

3. Seleccione alguna de las opciones según sea el caso:

   - Desplazar las celdas hacia la izquierda
   - Desplazar las celdas hacia arriba

4. Clic en Aceptar.

Cambiar el ancho de una columna y/o el alto de una fila:

1. Seleccione la celda al que quiere cambiar el ancho de columna o alto de fila. También, puede seleccionar la columna completa haciendo clic en el encabezado de columna.

2. En la ficha **Inicio**, grupo **Celdas**, clic en el botón desplegable **Formato**.

3. Seleccione alguna de las opciones según sea el caso:

   - Alto de fila
   - Ancho de columna

4. Dependiendo de la opción que haya elegido en el paso 3, cambie los valores del cuadro de diálogo correspondiente.

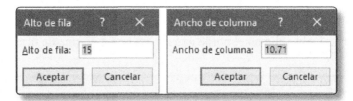

Figura 6.9. Cuadro de diálogo Alto de fila (izquierda), cuadro de diálogo Ancho de columna (derecha).

5. Clic en **Aceptar** de los respectivos cuadros de diálogo.

O

1. Sitúe el puntero del ratón en el borde que separa una columna de otra, o una fila de otra. El puntero cambia por una cruz con dos flechas horizontales y/o verticales.

Figura 6.10. Moviendo el puntero a los bordes que separan las columnas y las filas.

2. Clic sin soltar sobre el borde y:

   - **Columna:** Arrastre hacia la izquierda o derecha para modificar el ancho.

   - **Fila:** Arrastre hacia arriba o abajo para modificar el alto.

Ajustar el ancho de una columna y/o el alto de una fila automáticamente:

1. Seleccione la celda al que quiere cambiar el ancho de columna o alto de fila. También, puede seleccionar la columna completa haciendo clic en el encabezado de columna.

2. En la ficha **Inicio**, grupo **Celdas**, clic en el botón desplegable **Formato**.

3. Seleccione alguna de las opciones según sea el caso:

   - Autoajustar alto de fila
   - Autoajustar ancho de columna

O

1. Doble clic en el borde que separa una columna de otra, o una fila de otra.

Cambiar el ancho de varias columnas y/o filas a la vez:

1. Seleccione varias celdas o los encabezados de columnas y/o filas que quiera cambiar sus valores.

2. En el grupo **Celdas**, clic en **Formato** y seleccione **Alto de fila** o **Ancho de columna** y cambie sus valores.

O

1. Seleccione desde sus encabezados las columnas y/o filas que quiera cambiar.

2. Sitúe el puntero del ratón en el borde que separa una columna de otra, o una fila de otra hasta que el puntero cambie por una cruz con dos flechas horizontales.

3. Clic sin soltar sobre el borde y:

   - **Columnas:** Arrastre hacia la izquierda o derecha para modificar el ancho.
   - **Filas:** Arrastre hacia arriba o abajo para modificar el alto.

6.4.1 Hazlo tú mismo

En este ejercicio insertaremos columnas y filas, ajustará el ancho o alto de las mismas, y luego eliminaremos las que no sean necesarias. Se usará el archivo **Filas_Columnas.xlsx** ubicado en **C:** | **OfficeData** | **Capítulo 6.**

> **NOTA**
>
> Abrir el libro *Filas_Columnas.xlsx*.

1. Cambie el alto de la **fila 1** a *24.75 ptos.*

2. Autoajuste la columna D para que se muestre completamente las fechas.

3. Inserte una columna nueva a la izquierda de la columna **Ingresos**.

4. En la celda **A2** escriba: *Países.*

5. Desde la celda **A3** hasta **A10** agregue los siguientes países:

   - España
   - México
   - Perú
   - Colombia
   - Argentina
   - Ecuador
   - Brasil
   - Estados Unidos

6. Cambie el ancho de la columna **A** a `14.43`.

7. Aplique el mismo formato de encabezado a la celda **A2**.

8. Elimine la columna **F.**

9. Elimine la fila **11**.

10. Guarde los cambios y cierre el libro.

◢	A	B	C	D	E
1	**Resumen de ganancias**				
2	Países	Ingresos	Egresos	Ganancias	Fechas
3	España	1,500.0 €	120.0 €	1,380.0 €	viernes, 1 de enero de 2016
4	México	1,320.0 €	250.0 €	1,070.0 €	sábado, 2 de enero de 2016
5	Perú	2,200.0 €	145.0 €	2,055.0 €	domingo, 3 de enero de 2016
6	Colombia	1,800.0 €	223.0 €	1,577.0 €	lunes, 4 de enero de 2016
7	Argentina	1,750.0 €	221.0 €	1,529.0 €	martes, 5 de enero de 2016
8	Ecuador	950.0 €	1,200.0 €	-250.0 €	miércoles, 6 de enero de 2016
9	Brasil	1,678.0 €	200.0 €	1,478.0 €	jueves, 7 de enero de 2016
10	Estados Unidos	2,250.0 €	450.0 €	1,800.0 €	viernes, 8 de enero de 2016
11					

Figura 6.11. Lista de datos Resumen de Ganancias.

6.5 ALINEAR EL CONTENIDO DE LAS CELDAS

Cuando introduce datos en una celda estas se alinean por defecto, por ejemplo, un texto se alinea a la izquierda y los números a la derecha. Sin embargo, hay muchas otras alineaciones que puede aplicar. El grupo **Alineaciones**, en la ficha **Inicio**, muestra los comandos necesarios para alinear su contenido horizontal o verticalmente. Muchas de estas opciones también las puede encontrar en el cuadro de diálogo **Formato de celda**, activando la ficha **Alineación**.

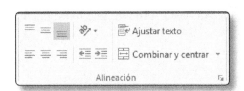

Figura 6.12. Grupo Alineación.

En el siguiente ejercicio aprenderemos a utilizar los comandos de alineaciones. Se usará el archivo **Alinear.xlsx** ubicado en **C: | OfficeData | Capítulo 6.**

1. Seleccione el rango **B1:F1**.

2. En el grupo **Alineación**, clic en el botón **Combinar y centrar**. Ahora, todas las celdas seleccionadas se vuelven una sola y el texto se centra.

3. Seleccione el rango B11:F11.

4. Clic en la flecha desplegable del botón **Combinar y centrar** y clic en **Combinar celdas**. Las celdas se combinan y el texto permanece alineado al lado izquierdo.

5. Seleccione el rango A3:A10.

6. Clic en el botón **Combinar y centrar**. Las celdas se combinan, sin embargo, el texto no se llega a mostrar completamente.

7. Clic en el botón **Ajustar texto.** El texto se ajusta para caber en la celda y mostrarse completamente.

8. Clic en el botón **Alinear en el medio**. El texto se ha distribuido tanto vertical como horizontalmente en la celda.

9. Seleccione el rango B2:F2.

10. Clic en el botón **Alinear en el medio** y luego clic en el botón **Centrar**.

11. Seleccione la celda **A3**. Esta celda es más grande debido a que ha combinado en el paso 6.

12. Clic en el botón desplegable **Orientación** y clic en **Girar texto hacia arriba**. El texto se ve mejor con esta nueva orientación.

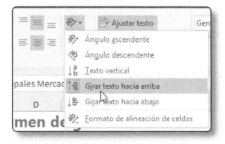

Figura 6.13. Orientación.

13. Guarde los cambios y cierre el libro.

6.6 USAR REFERENCIAS DE CELDAS

Cuando usamos la fórmula =A1+B1 estamos usando referencias hacia las celdas A1 y B1. La mayoría de las fórmulas que creamos incluyen referencias hacia las celdas o rangos. Estas referencias les permiten a las fórmulas trabajar de forma dinámica con los datos almacenados. Por ejemplo, si una fórmula tiene una referencia a la celda B1 y cambia el valor en esa celda, el resultado de la fórmula también cambia para reflejar el nuevo valor. Si no usamos referencias en las fórmulas, necesitaremos editar las fórmulas manualmente con el fin de reflejar los resultados correctos.

6.6.1 Referencias relativas, absolutas y mixtas

Cuando usamos una referencia de celda o rango en una fórmula, podemos usar tres tipos de referencias:

▼ **Relativas:** Las referencias de las filas y columnas cambian cuando copiamos la fórmula a otra celda o usa el controlador de relleno. Por defecto, Excel crea referencias de celdas relativas en las fórmulas.

▼ **Absolutas:** Las referencias de filas y columnas no cambian cuando copiamos la fórmula debido a que la referencia es para una dirección de celda en concreto. Una referencia absoluta utiliza dos signos de dólar en la dirección: una para la letra de columna y una para el número de fila, por ejemplo, B1.

▼ **Mixtas:** Alguna referencia de fila o columna es relativa mientras que la otra es absoluta. Solo una de las partes de la dirección es absoluta, por ejemplo: $B1 o B$1.

En el siguiente ejercicio usaremos fórmulas con referencias relativas, absolutas y mixtas. Se usará el archivo ´**Referencia de celdas.xlsx** ubicado en **C: | OfficeData | Capítulo 6.**

(i) NOTA
Abrir el libro *Referencia de celdas.xlsx*.

1. Si es necesario, active la hoja **Relativas** y luego seleccione la celda **C3**.

2. Agregue la siguiente fórmula: `=A3*B3` y pulse `Ctrl+Enter`. Como puede notar, acaba de aparecer el resultado.

3. Clic sin soltar en el controlador de relleno y arrastre hasta C10. Como ha usado referencias relativas -por defecto-, al usar el controlador de relleno, la fórmula se copia y cambia los resultados basados en los valores de las celdas.

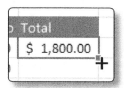

Figura 6.14. Controlador de relleno.

Ahora aplicaremos una fórmula con referencia absoluta en la hoja **Absolutas**. En esta hoja deberemos obtener el **IGV** basado en una tasa de impuesto del 18% ubicado en **E3**.

4. Active la hoja **Absolutas** y seleccione la celda **B3**.

5. Escriba la siguiente fórmula: `=A3*E3`, pero aún no pulse `Ctrl+Enter`.

Si simplemente usa esta fórmula provocará un error ya que se está usando referencias relativas. Tenga en cuenta que la tasa de impuesto solo aparece en una sola celda (E3) y la fórmula solo debe apuntar a esa celda, por lo tanto, es una referencia absoluta. A continuación, completaremos el ejercicio con esta referencia de celda.

6. Como aún no ha pulsado `Ctrl+Enter`, en su lugar pulse la tecla `F4` al final de la referencia **E3**. Puede notar que aparece el signo de dólar al inicio de la letra de columna y el número de fila.

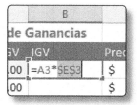

Figura 6.15. Referencia absoluta.

7. Ahora sí, pulse `Ctrl+Enter` y use el controlador de relleno para copiar la fórmula hasta **B10**. Si revisa la fórmula aplicada celda por celda, notará que la primera es una referencia relativa mientras que la otra es una referencia absoluta, es decir, esta última no cambia.

   En esta última parte del ejercicio usaremos referencias mixtas para completar una sencilla tabla de multiplicar. Esta tabla debe usar una sola fórmula que será copiada en todas las demás celdas.

8. Active la hoja **Mixtas** y seleccione la celda **B3**.

9. Para completar la tabla de multiplicar con una sola fórmula escriba lo siguiente: `=A3*B2`, aún no pulse `Ctrl+Enter`.

10. Mientras aún está editando la fórmula, clic en la referencia **A3** y pulse la tecla `F4` al menos tres veces hasta que la referencia cambie por: `$A3`.

11. Clic en la referencia **B2** y pulse la tecla `F4` al menos dos veces hasta que la referencia cambie por: `B$2`.

    La fórmula sería: `=$A3*B$2`, el signo dólar delante de la letra de columna (A) significa que la columna A no se mueve mientras que las filas sí. En la otra referencia es la fila (2) la que no se mueve mientras que las columnas sí lo hacen. Esto da una flexibilidad para copiar la fórmula sin problemas y obtener los resultados correctos.

12. Pulse `Ctrl+Enter` y use el controlador de relleno hacia la derecha hasta **K3** y luego hacia abajo hasta **K12**.

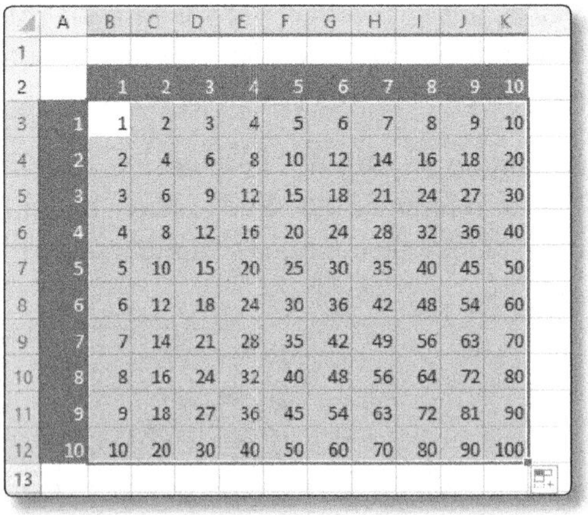

	A	B	C	D	E	F	G	H	I	J	K
1											
2		1	2	3	4	5	6	7	8	9	10
3	1	1	2	3	4	5	6	7	8	9	10
4	2	2	4	6	8	10	12	14	16	18	20
5	3	3	6	9	12	15	18	21	24	27	30
6	4	4	8	12	16	20	24	28	32	36	40
7	5	5	10	15	20	25	30	35	40	45	50
8	6	6	12	18	24	30	36	42	48	54	60
9	7	7	14	21	28	35	42	49	56	63	70
10	8	8	16	24	32	40	48	56	64	72	80
11	9	9	18	27	36	45	54	63	72	81	90
12	10	10	20	30	40	50	60	70	80	90	100
13											

Figura 6.16. Resultado final de la tabla de multiplicar.

13. Guarde su libro con el nombre **Mis referencias.xlsx**. Luego, ciérrelo.

6.7 TRABAJAR CON FUNCIONES

Las funciones son muy útiles a la hora de crear fórmulas complejas, por ejemplo, si se utiliza una fórmula ordinaria como: `=A1+A2+A3+A4+A5+A6`, el resultado será el correcto, pero se tuvo que emplear algún tiempo para crear la fórmula. Ahora, imagínese que tiene 100 celdas a la cual tiene que sumar, ¿piensa crear la misma fórmula? Las funciones le ayudarán a simplificar el trabajo, como por ejemplo: `=SUMA(A1:A100)`.

Entre las funciones básicas tenemos:

▸ SUMA
▸ PROMEDIO
▸ MAX
▸ MIN
▸ CONTAR

Para insertar una función siga estos pasos:

Insertar función en la celda seleccionada:

1. Escriba la función directamente en la celda. Comience con el signo **igual** (=) a continuación el nombre de la función, y los argumentos encerrado entre paréntesis. Por ejemplo **=SUMA(A1:A10).** Esta fórmula suma los datos desde A1 hasta A10.

2. Pulse `Ctrl+Enter`.

O

1. Clic en la ficha y en el grupo **Insertar**, clic en la flecha desplegable del botón **Autosuma**.

2. Clic en la función que quiera usar.

3. Edite los argumentos necesarios y pulse `Ctrl+Enter`.

O

1. Active el cuadro de diálogo **Insertar función** utilizando alguna de estas acciones:

   • Clic en el botón **Insertar función (fx)** ubicado en la barra de fórmulas.

- Clic en la flecha desplegable **Autosuma** y clic en **Más funciones**.
- Clic en la ficha **Fórmulas**, y en el grupo **Biblioteca de funciones**, clic en **Insertar función**.

2. En la sección **Seleccionar función**, clic en la función que quiera usar. También puede usar el cuadro **Buscar una función** y clic en el botón **Ir** y luego seleccionar la función que va a utilizar.

3. Clic en **Aceptar**. Se abre el cuadro de diálogo **Argumentos de función**.

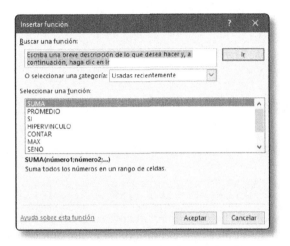

Figura 6.17. Cuadro de diálogo Insertar función.

4. Seleccione los datos en los cuadros de argumentos de la función.

5. Clic en Aceptar del cuadro de diálogo **Argumentos de función**.

Figura 6.18. Cuadro de diálogo Argumentos de función.

6.7.1 Función SUMA

```
=SUMA(número1,número2, ...)
```

Permite realizar una suma de números o rangos de celda. El argumento *número1* puede ser un número, una celda o un rango. Pude agregar hasta 255 argumentos más.

En el siguiente ejercicio aprenderemos a usar la función SUMA. Se usará el archivo **Resumen_Ganancias.xlsx** ubicado en **C: | OfficeData | Capítulo 6.**

1. En B12 escriba el texto: *Totales*.

2. En C12 escriba: *=SU*. Observe que aparece una lista desplegable de funciones predeterminadas que comienzan con la palabra escrita.

Figura 6.19. Lista de funciones coincidentes con lo que escribe.

3. Doble clic en la opción **SUMA**. La función **SUMA** se agrega a la celda y deja un paréntesis abierto para completar el argumento.

4. Seleccione el rango **C3:C10** que serán los argumentos. Después, cierre el paréntesis.

5. Pulse *Ctrl+Enter* para obtener el resultado.

6. Use el controlador de relleno para completar los resultados a la derecha.

7. Guarde los cambios.

ⓘ **NOTA**

No cierre el libro, lo usará en el próximo ejercicio.

6.7.2 Función PROMEDIO

=Promedio(número1,número2…)

Esta función permite obtener el promedio, o también llamado media aritmética, de ciertos valores o celdas. Los argumentos pueden ser números, nombres, rangos o referencias de celda que contengan números.

Lo que hace la función es sumar todos los valores para luego dividirla entre el número de sumandos.

En el siguiente ejercicio aprenderemos a usar la función PROMEDIO. Se usará el archivo **Resumen_Ganancias.xlsx** ubicado en **C: | OfficeData | Capítulo 6.**

ⓘ **NOTA**

Continúe con el libro *Resumen_Ganancias.xlsx*.

---

1. Clic en B13 y escriba: Promedio.

2. Seleccione la celda C13.

3. En la ficha **Inicio**, en el grupo **Editar**, clic en la flecha desplegable **Autosuma**, y clic en **Promedio**. La función **PROMEDIO** se inserta en la celda y como argumento se selecciona **C12**. Sin embargo, el argumento no es el correcto, a continuación, va a solucionar ese error.

4. Seleccione **C3:C10**. Los argumentos ahora son los correctos.

5. Pulse Ctrl+Enter para obtener el resultado.

6. Use el controlador de relleno para completar los resultados a la derecha.

7. Guarde los cambios.

ⓘ **NOTA**

No cierre el libro, lo usará en el próximo ejercicio.

6.7.3 Función MAX

```
MAX(número1,número2, ...)
```

Esta función devuelve el valor más alto de una lista o rango. Cuando utiliza **MAX**, tiene hasta 255 argumentos que puede agregar.

En el siguiente ejercicio aprenderemos a usar la función MAX. Se usará el archivo **Resumen_Ganancias.xlsx** ubicado en **C: | OfficeData | Capítulo 6.**

NOTA

Continúe con el libro *Resumen_Ganancias.xlsx*.

1. En B14 agregue el texto: `Valor más alto`.

2. Seleccione la celda C14.

3. En la ficha **Fórmulas**, en el grupo **Biblioteca de funciones**, clic en el botón **Insertar función**. Se abre el cuadro de diálogo **Insertar función**.

4. Dentro del cuadro **Buscar una función**, escriba: `Max`.

5. Clic en el botón **Ir**. Se muestra una lista de funciones que pueden coincidir con el criterio de búsqueda, entre ellos la función **MAX**.

6. Clic en **MAX** y clic en **Aceptar**. Se abre el cuadro de diálogo **Argumentos de función**, con el argumento **Número1** en **C13**.

7. Seleccione el rango **C3:C10** y clic en **Aceptar**. El resultado aparece en la celda.

8. Use el controlador de relleno para completar los resultados a la derecha.

9. Guarde los cambios.

NOTA

No cierre el libro, lo usará en el próximo ejercicio.

6.7.4 Función MIN

`MIN(número1;número2; ...)`

Devuelve el valor mínimo de un conjunto de valores. Esto funciona a la inversa que la función anterior, MAX.

En el siguiente ejercicio aprenderemos a usar la función MIN. Se usará el archivo **Resumen_Ganancias.xlsx** ubicado en **C: | OfficeData | Capítulo 6.**

ⓘ **NOTA**

Continúe con el libro *Resumen_Ganancias.xlsx*.

---

1. En **B15** escriba: `Valor más bajo`.

2. Seleccione **C15:E15**.

3. Escriba: `=MIN(C3:C10)`.

4. Pulse `Ctrl+Enter`. Los resultados aparecen en todas las celdas seleccionadas.

5. Guarde los cambios y cierre el libro.

	A	B	C	D	E	F
1			\multicolumn{4}{c}{**Resumen de ganancias**}	
2		Países	Ingresos	Egresos	Ganancias	Fechas
3		España	1,500.0 €	120.0 €	1,380.0 €	viernes, 1 de enero de 2016
4		México	1,320.0 €	250.0 €	1,070.0 €	sábado, 2 de enero de 2016
5		Perú	2,200.0 €	145.0 €	2,055.0 €	domingo, 3 de enero de 2016
6		Colombia	1,800.0 €	223.0 €	1,577.0 €	lunes, 4 de enero de 2016
7		Argentina	1,750.0 €	221.0 €	1,529.0 €	martes, 5 de enero de 2016
8		Ecuador	950.0 €	1,200.0 €	-250.0 €	miércoles, 6 de enero de 2016
9		Brasil	1,678.0 €	200.0 €	1,478.0 €	jueves, 7 de enero de 2016
10		Estados Unidos	2,250.0 €	450.0 €	1,800.0 €	viernes, 8 de enero de 2016
11						
12		Totales	13,448.0 €	2,809.0 €	10,639.0 €	
13		Promedio	1,681.0 €	351.1 €	1,329.9 €	
14		Valor más alto	2,250.0 €	1,200.0 €	2,055.0 €	
15		Valor más bajo	950.0 €	120.0 €	-250.0 €	

 (Principales Mercados — columna A)

Figura 6.20. Resultado de las funciones utilizadas en Resumen_Ganancias.xlsx.

6.7.5 Función CONTAR

```
CONTAR(valor1; [valor2],...)
```

La función CONTAR cuenta la cantidad de celdas que contienen números. Use la función CONTAR para obtener la cantidad de entradas en un campo de número de un rango o matriz de números. Por ejemplo, puede escribir la siguiente fórmula para contar los números en el rango A1:A20: `=CONTAR(A1:A20)`.

En el siguiente ejercicio aprenderemos a usar la función CONTAR. En este ejercicio se muestra una lista de descargas de ebook por minuto, cuando hay una descarga aparece el número 1, si no lo hay, aparece #N/A. Se usará el archivo **Descargas_ebook.xlsx** ubicado en **C: | OfficeData | Capítulo 6.**

1. Clic en la celda **E7**. Es aquí donde escribirá su fórmula.

2. Agregamos lo siguiente: `=CONTAR(`

3. El primer argumento que nos pide es un valor, en este caso, seleccione el rango **C7:C127**.

4. Cierre paréntesis.

5. Pulse `Ctrl+Enter`. El resultado son 51 descargas.

6. Guarde los cambios y cierre el libro.

6.8 ERRORES EN LAS FÓRMULAS

Si está trabajando con muchas fórmulas en sus hojas de Excel, lo más probable es que en algún momento aparezca un código de error. Cuando escribe una fórmula o modifica algún valor de ella, quizá Excel muestre alguno de estos errores:

▶ **#¡DIV/0!** Este error aparece cuando se intenta realizar alguna división entre cero o quizá hay una celda vacía. Por ejemplo, si desea realizar la siguiente operación: =10/0. Entonces el resultado será `#¡DIV/0!`, pues no existe una división entre 0.

▶ **#N/A** Error muy común que nos indica que no está disponible el valor deseado y que la fórmula no podrá mostrar el resultado correcto. Algunos usuarios utilizan la función `NOD` a propósito para indicar que faltan datos.

▼ **#NOMBRE?** Este error también es muy común dentro de una hoja de Excel. Indica que está mal escrito el nombre de una función, o quizá porque ha incluido el nombre de un rango sin ser todavía creado.

▼ **#¡NULO!** Error que puede aparecer cuando no existe o no se utiliza correctamente los separadores de lista **(,)** o **(;)** de una función.

▼ **#¡NUM!** Indica que algún valor numérico no funciona como argumento en la función. Por ejemplo, si en la celda B3 hay un negativo y desea usar la función RAIZ el resultado es el error #¡NUM!, pues la función raíz no puede operar ante un número negativo.

▼ **#¡REF!** Aparece cuando la fórmula presenta una referencia de celda no valida, por ejemplo: $=A1*B1$. Devuelve el error $#¡REF!$ si de casualidad se eliminara la columna **A** o la columna **B**.

▼ **#¡VALOR!** Este error aparece cuando no se ha utilizado un argumento correctamente, esto suele suceder cuando introduce un texto cuando la función pide un número, por ejemplo: $=RAIZ("Mary")$.

6.9 ORDENAR Y FILTRAR DATOS

Al agregar más contenido a una hoja, organizar la información es sumamente importante. En Excel puede ordenar sus datos fácilmente con herramientas especializadas que puede encontrar en la ficha **Inicio**, dentro del grupo **Editar**, y haciendo clic en el botón desplegable **Ordenar y filtrar**. En esta lista desplegable puede encontrar:

▼ **Ordenar de A a Z:** Ordena la selección colocando los datos en modo alfabético.

▼ **Ordenar de Z a A:** Ordena la selección colocando los datos en modo alfabético invertido.

▼ **Ordenar de menor a mayor:** Ordena la selección colocando los valores más bajos en la parte superior de la columna.

▼ **Ordenar de mayor a menor:** Ordena la selección colocando los valores más altos en la parte superior de la columna.

▼ **Orden personalizado:** Muestra el cuadro de diálogo **Ordenar** que le permite ordenar sus datos a través de varios criterios.

Figura 6.21. Cuadro de diálogo Ordenar.

En el siguiente ejercicio aprenderemos a utilizar las herramientas de ordenamiento de datos. Se usará el archivo **Ordenar.xlsx** ubicado en **C: | OfficeData | Capítulo 6.**

(i) **NOTA**

Abrir el libro *Ordenar.xlsx*.

1. Seleccione la lista entera de datos **B2:F10**.

2. En la ficha Inicio, en el grupo **Editar**, clic en el botón desplegable **Ordenar y filtrar**.

3. Clic en **Ordenar de A a Z**. Los datos se ordenan alfabéticamente por países.

Figura 6.22. Opciones de Ordenar y filtrar.

4. Ahora, seleccione nuevamente la lista de datos, pero esta vez empezando desde **F2** hasta **B10**.

5. Clic en **Ordenar y filtrar**. Note que algunas opciones han cambiado.

6. Clic en **Ordenar del más reciente al más antiguo**. La lista de datos se ordena por la columna **Fecha** mostrando como primer dato el 8 de enero.

7. Con la lista de datos aún seleccionada, clic en **Ordenar y filtrar** y clic en **Orden personalizado**. Se abre el cuadro de diálogo **Ordenar**.

8. En la sección **Columna**, en **Ordenar por**, clic en la flecha desplegable y seleccione **Países**.

9. En la sección **Ordenar según**, seleccione **Color de celda**.

10. En la sección Criterio de ordenación, seleccione el color **Azul**   y verifique que esté seleccionado **En la parte superior**.

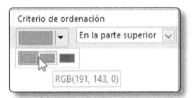

Figura 6.23. Ordenar por color.

11. Clic en **Aceptar**. La lista de datos se ordena por los colores de los países.

12. Guarde los cambios y cierre el libro.

Si su hoja tiene grandes cantidades de datos, puede ser difícil encontrar la información que quiere rápidamente. Puede aplicar filtros para mostrar solo los datos que le interesen mientras los demás se ocultan temporalmente. El filtrado de datos muestra solo las filas que juntan los criterios que especifique, por ejemplo, números que superen los 5 mil, o datos que sean del 2016.

En el siguiente ejercicio aprenderemos a utilizar filtros de datos. Se usará el archivo **Filtrar.xlsx** ubicado en **C: | OfficeData | Capítulo 6.**

ⓘ **NOTA**

Abrir el libro *Ordenar.xlsx*.

1. Seleccione la lista de datos **B2:G18**.

2. En la ficha Inicio, grupo **Editar**, clic en el botón desplegable **Ordenar y filtrar**.

3. Clic en **Filtro**. Note que los encabezados de la lista de datos tienen una flecha desplegable al lado derecho.

4. Clic en la flecha desplegable **Ubicación** y clic en **Ordenar de A a Z**. La lista de datos se ordena por ubicación, listando primero a **Asia**.

5. En **Países**, ordene de Z a A. Se muestra primero a **Reino Unido**.

6. Clic en la flecha desplegable de la columna **Ubicación**.

7. Clic en la casilla **(Seleccionar todo)**. De esta manera, todas las casillas quedan deshabilitadas.

8. Clic en la casilla de **Europa** y clic en **Aceptar**. La lista de datos oculta las filas que no cumplan con el criterio elegido y muestra solo las que tengan **Europa** como ubicación.

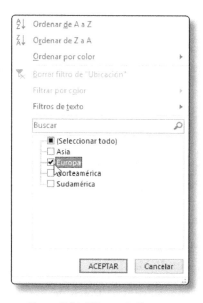

Figura 6.24. Filtrar solo Europa.

9. Clic en la flecha desplegable -ahora se muestra como un embudo- de **Ubicación**, y clic en **Borrar filtro de "Ubicación"**. La lista de datos vuelve a mostrar todas las filas.

10. Clic en la flecha desplegable de **Fecha**.

11. Señale **Filtros** de fecha y clic en **Este mes**. Se muestra solo las filas que sean del mes actual.

12. Quite el filtro de fecha, guarde los cambios y cierre el libro.

6.10 FORMATO CONDICIONAL

Entre los numerosos detalles en una hoja de cálculo, puede abanderar, marcar o resaltar valores específicos que deberían sobresalir por alguna razón. El formato condicional le permite hacer esto acorde a reglas particulares que crea por sí mismo.

Para aplicar un formato condicional debe seleccionar solo los datos más no los encabezados. Luego, ir al botón desplegable **Formato condicional** -ubicado en la ficha **Inicio**, grupo **Estilos**- y seleccionar la opción que necesita.

En el siguiente ejercicio aprenderá a utilizar el formato condicional. Se usará el archivo **Formato_Condicional.xlsx** ubicado en **C: | OfficeData | Capítulo 6**.

>
> **ⓘ NOTA**
> Abrir el libro *Formato_Condicional.xlsx*.

1. Seleccione toda la columna de datos de Ganancias.

2. En la ficha **Inicio**, en el grupo **Estilos**, clic en el botón desplegable **Formato condicional**.

3. De las opciones, señale **Barra de datos** y clic en **Barra de datos Azul claro**. La columna **Ganancias** muestra unas barras azules que representan los valores gráficamente.

Figura 6.25. Formato condicional Barra de datos.

4. Seleccione toda la columna **Ingresos**.

5. Clic en Formato condicional, y señale Conjunto de iconos.

6. Clic en **3 semáforos (sin marco)**. Aparecen unos círculos de colores representando los ingresos.

7. Seleccione toda la lista de datos sin incluir los encabezados, es decir, B3:G18.

8. Clic en **Formato condicional** y clic en **Nueva regla**. Se abre el cuadro de diálogo **Nueva regla de formato**.

9. En la sección Seleccionar un tipo de regla, clic en **Utilice una fórmula que determine las celdas para aplicar formato**.

10. En el cuadro **Dar formato a los valores donde esta fórmula sea verdadera** escriba: `=$B3=$I$3`. Donde I3 es la celda única donde se elige el nombre de una ubicación. Vea su hoja de Excel.

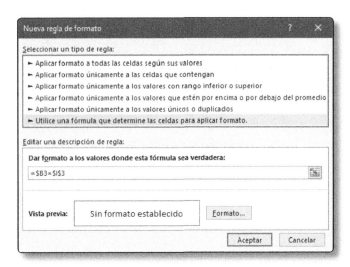

Figura 6.26. Cuadro de diálogo Nueva regla de formato

11. Clic en el botón **Formato**. Se abre el cuadro de diálogo **Formato de celdas**.

12. Clic en la ficha **Relleno**, y en la paleta de colores, clic en el color que desee.

13. Clic en **Aceptar** del cuadro de diálogo **Formato de celdas**.

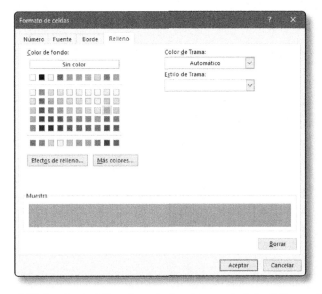

Figura 6.27. Cuadro de diálogo Formato de celdas con la ficha Relleno activa.

14. Clic en **Aceptar** del cuadro de diálogo **Nueva regla de formato**. Observe que, en base al texto de la celda **I3**, se marca toda la fila.

15. En **I3**, clic en la flecha desplegable y seleccione **Sudamérica**. Todas las filas que tengan la ubicación **Sudamérica** se marcan.

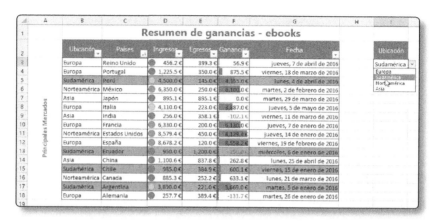

Figura 6.28. Lista de datos.

16. Guarde los cambios y cierre el libro.

7

TRABAJAR CON DATOS EN EXCEL

Aprender a trabajar con sus datos es saber utilizar las herramientas adecuadas para resumir y presentar la información adecuada. Puede usar la validación de datos para obligar al usuario a introducir datos que cumplan ciertas reglas, insertar gráficos para resumir datos estadísticos y ser visualmente presentables, usar funciones para buscar datos precisos en una tabla de datos o convertir una gran lista de datos en una tabla de datos como tal para el ingreso y muestreo de información.

Muchas de estas herramientas de Excel se explicarán en este capítulo, con ejercicios que ayudarán a comprender mejor el manejo de sus datos.

7.1 FUNCIONES LÓGICAS

Las funciones lógicas comprueban las celdas y rangos y retornan un resultado lógico en forma de texto (Verdadero o Falso) o números (1 o 0). Una función lógica opera bajo una comprobación lógica. Por ejemplo, si quiere aplicar una simple suma basado en si la celda tiene un número en él, puede usar la función *SI* para comprobar la celda y luego hacer la suma si el resultado es verdadero.

7.1.1 Función SI

```
=SI(prueba_lógica,valor_si_verdadero,valor_si_falso)
```

Devuelve un valor si la condición especificada es verdadera y otro valor si dicho argumento es falso. Utilice *SI* para realizar pruebas condicionales en valores y fórmulas.

En el siguiente ejercicio aprenderemos a utilizar la función lógica **SI**, deberá obtener el 30% de retención de las ganancias si su ubicación es Europa. Se usará el archivo **Función_Lógica.xlsx** ubicado en **C:** | **OfficeData** | **Capítulo 7.**

 NOTA

Abrir el libro *Función_Lógica.xlsx*.

1. Seleccione la celda H3.

2. Escriba: `=SI(B3="Europa";F3*30%;0)`. La primera parte `=SI(B3="Europa"` comprueba que la celda B3 tenga el texto "**Europa**". El punto y coma **(;)** o la coma **(,)** son los que separan los argumentos. La segunda parte `F3*30%` es la operación que se realiza cuando la función encuentra el texto "**Europa**". El último argumento, el cero, es el que aparece cuando la función no encuentra el texto "**Europa**".

3. Pulse `Ctrl+Enter` para obtener el resultado.

4. Use el controlador de relleno para completar la columna **Retención**.

5. Guarde los cambios y cierre el libro.

7.1.2 Función SI ANIDADO

Cuando se usa la función SI solo se permiten tres argumentos. Muchas veces tendrá que hacer más de dos preguntas y a su vez obtener más que solo una respuesta verdadera y falsa, así que puede juntar varios SI en una fórmula un poco más larga que lo habitual.

En el siguiente ejercicio usaremos la función **Si anidado** para obtener resultados basados en varias condiciones lógicas. Si es **M** significa **Masculino**, **F** significa **Femenino** y cualquier otra letra que se escriba en las celdas aparecerá el texto **No Procede**. Se usará el archivo **Si_Anidado.xlsx** ubicado en **C:** | **OfficeData** | **Capítulo 7.**

 NOTA

Abrir el libro *Si_Anidado.xlsx*.

1. En C3 escriba lo siguiente: `=si(B3="M","Masculino"` Hasta ahí solo se ha dicho que, si en **B3** se encuentra la letra **M** aparecerá el texto **Masculino**.

2. Agregue: `;si(B3="F","Femenino"` El punto y coma (;) o coma (,) separa el argumento del primer **SI**, y ahora está añadiendo otro **SI** para preguntarle a **B3** si de casualidad encuentra la letra **F** entonces aparecerá **Femenino**.

3. Ahora sí puede agregar el último argumento: `;"No Procede"))` Los dos paréntesis al final pertenecen al primer y segundo SI, y el último paréntesis pertenece al primer SI. Su fórmula debe ser igual a lo siguiente:

   `=SI(B3="M","Masculino",SI(B3="F","Femenino","No Procede"))`

4. Use el controlador de relleno para completar los resultados.

5. Guarde los cambios y cierre el libro.

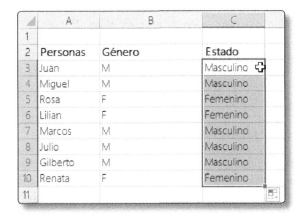

Figura 7.1. Resultado de la función SI anidada.

7.2 FUNCIONES DE BÚSQUEDA

Las funciones de búsqueda son las funciones más usadas y a la vez las que más dudas deja en los usuarios. Muchos usuarios utilizan Excel para gestionar sus datos almacenados en listas, y a veces necesitará buscar cierta información asociada a un elemento. Por ejemplo, si tiene una tabla de datos con varios productos, es posible que estos estén organizados por códigos, así que usará esos códigos para encontrar el producto y toda la información relacionada a él.

7.2.1 Función BuscarV

```
=BUSCARV(valor_buscado,matriz_buscar_en,indicador_
columnas,ordenado)
```

La función BUSCARV busca un valor dentro de una tabla a través de las columnas (verticalmente) y devuelve el valor correspondiente basado en una columna específica.

En el siguiente ejercicio aprenderemos a utilizar la función BUSCARV para buscar los datos de un empleado utilizando solo su código de empleado. Se usará el archivo **Referencias.xlsx** ubicado en **C: | OfficeData | Capítulo 7.**

ⓘ NOTA

Abrir el libro *Referencias.xlsx.*

1. Seleccione la celda **B3**.

2. Añada la fórmula: `=BUSCARV(B2;A12:G20;2;FALSO)`. Esta función posee cuatro argumentos. El primero es decirle a partir de qué dato se va a buscar, y este dato está en B2. Luego, debe seleccionar la tabla completa sin encabezados, ese es el argumento `A12:G20`. Después, se agrega el número dos como argumento para decirle en qué columna se encuentran los datos que quiere saber, la columna *Apellidos* es la columna dos de la tabla. Por último, el argumento Falso equivale a la precisión de la búsqueda.

3. Pulse `Ctrl+Enter` para obtener el resultado.

4. Adapte la fórmula que usa la función **BuscarV** en **B3** para **B4**, **B5**, **B6**, **B7** y **B8**.

5. Después de terminar las acciones del paso 4, clic en la flecha desplegable de la celda B2 y seleccione diversos códigos de empleados para ver la precisión de la búsqueda.

7.2.2 Función BuscarH

```
=BUSCARH(valor_buscado,matriz_buscar_en,indicador_filas, or-
denado)
```

La función BUSCARH busca un valor dentro de una tabla a través de las filas (horizontalmente) y devuelve el valor correspondiente basado en una columna específica.

En el siguiente ejercicio aprenderemos a utilizar la función BUSCARH para buscar las ganancias de cada producto por país. Se usará el archivo **Referencias_2. xlsx** ubicado en **C: | OfficeData | Capítulo 7.**

1. Seleccione la celda **B3**.

2. Añada la fórmula: `=BUSCARH(B2;B8:E11;2;FALSO)`. Esta función posee cuatro argumentos. El primero es decirle a partir de qué dato se va a buscar, y este dato está en B2. Luego debes seleccionar la tabla completa sin encabezados, ese es el argumento `B8:E11`. Después, se agrega el número dos como argumento para decirle en qué fila se encuentran los datos que quiero saber, la fila *eBooks* es la fila dos de la tabla. Por último, el argumento Falso equivale a la precisión de la búsqueda.

3. Pulse `Ctrl+Enter` para obtener el resultado.

4. Adapte la fórmula que usa la función **BuscarH** en B3 para **B4** y **B5**

5. Después de terminar las acciones del paso 4, clic en la flecha desplegable de la celda B2 y seleccione diversas ciudades para ver la precisión de la búsqueda.

	A	B	C	D	E
1					
2	Ganancias	Estados Unidos			
3	eBooks	3560			
4	Cursos	7564			
5	Books	10125			
6					
7					
8	Productos Ciudades	España	Estados Unidos	Reino Unido	México
9	eBooks	4500	3560	3500	3250
10	Cursos	11200	7564	546	11000
11	Books	8956	10125	3200	1100
12					

Figura 7.2.

6. Guarde los cambios y cierre el libro.

7.3 VALIDACIÓN DE DATOS

La característica de **Validación de datos** le permite establecer reglas que imponga qué puede ser añadido en una celda. Por ejemplo, puede querer limitar la entrada de datos en una celda solo para los números enteros entre 1 y 20. Si el usuario hace una entrada no válida, se mostrará un mensaje indicándole sobre la restricción.

Además, la validación de datos va mucho más allá permitiéndole crear listas que aparecerán en una celda junto a una flecha desplegable, restringir la entrada a cierta cantidad de caracteres y hasta usar fórmulas. Para usar la validación de datos debe abrir el cuadro de diálogo Validación de datos siguiendo estos pasos:

Abrir cuadro de diálogo Validación de datos:

1. Clic en la ficha **Datos**.

2. En el grupo **Herramientas de datos**, clic en el botón **Validación de datos.**

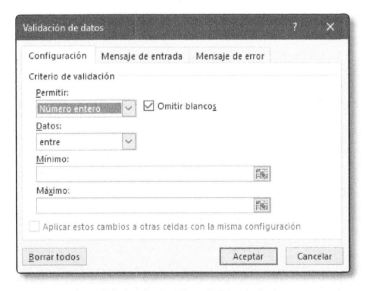

Figura 7.3. Cuadro de diálogo Validación de datos.

Validar números enteros y/o decimales:

1. Seleccione la celda o rangos al que quiera aplicar validación.

2. Ingrese al cuadro de diálogo **Validación de datos**.

3. En la ficha **Configuración**, clic en la flecha desplegable del cuadro **Permitir**.

4. Seleccione **Número Entero** o **Decimales** según sea el caso. Las opciones del cuadro de diálogo cambian para reflejar las alternativas que se aplican a números enteros y/o decimales.

5. En el desplegable **Datos**, seleccione la opción que se adecue a sus necesidades.

6. Dependiendo de la opción elegida en el desplegable **Datos**, agregue un número o seleccione una celda para añadir valores mínimos o máximos.

7. Clic en **Aceptar**.

Crear una lista desplegable:

1. Seleccione la celda o rangos al que quiera aplicar validación.

2. Ingrese al cuadro de diálogo **Validación de datos**.

3. En la ficha **Configuración**, clic en la flecha desplegable del cuadro **Permitir**.

4. Seleccione **Lista**. Las opciones del cuadro de diálogo cambian para reflejar las alternativas que se aplican a una lista.

5. En el cuadro **Origen** realice alguna de estas acciones:

   - Agregue el texto manualmente separado por punto y coma: `texto1; texto2; texto3`.

   - Seleccione un rango de datos.

6. Clic en **Aceptar**.

Permitir cierta cantidad de caracteres:

1. Seleccione la celda o rangos al que quiera aplicar validación.

2. Ingrese al cuadro de diálogo **Validación de datos**.

3. En la ficha **Configuración**, clic en la flecha desplegable del cuadro **Permitir**.

4. Seleccione **Longitud del texto**. Las opciones del cuadro de diálogo cambian para reflejar las alternativas que se aplican a la longitud del texto.

5. En el desplegable **Datos**, seleccione la opción que se adecue a sus necesidades.

6. Dependiendo de la opción elegida en el desplegable **Datos**, escriba un número o seleccione una celda para añadir valores mínimos o máximos.

7. Clic en **Aceptar**.

Insertar una fórmula como validación:

1. Seleccione la celda o rangos al que quiera aplicar validación.

2. Ingrese al cuadro de diálogo **Validación de datos**.

3. En la ficha **Configuración**, clic en la flecha desplegable del cuadro **Permitir**.

4. Seleccione **Personalizada**. Las opciones del cuadro de diálogo cambian para reflejar las alternativas que se aplican a la opción elegida.

5. En el cuadro **Fórmula**, escriba una fórmula adaptada a la validación.

6. Clic en **Aceptar**.

Permitir cualquier valor o quitar validación:

1. Seleccione la celda o rangos al que quiera permitir cualquier valor o quitar la validación.

2. Ingrese al cuadro de diálogo **Validación de datos**.

3. En la ficha **Configuración** y realice alguno de estos métodos.

   - Clic en la flecha desplegable del cuadro **Permitir** y clic en **Cualquier valor**.

   - Clic en el botón **Borrar todos**.

4. Clic en **Aceptar**.

Una forma de ayudar a que el ingreso de datos sea correcto, son los mensajes de validación. Cuando elije un mensaje de entrada, se mostrará una etiqueta -con un mensaje- que le indicará los datos que debe introducir. El otro tipo es un mensaje de error y avisa al usuario, mediante un cuadro de diálogo, que está cometiendo un error y que debe intentar volver a escribir el dato. Puede agregar ambos mensajes en su validación.

Agregar un mensaje de entrada:

1. Seleccione la celda o rangos al que quiera aplicar validación y a su vez un mensaje de entrada.

2. Vaya al cuadro de diálogo **Validación de datos**.

3. En la ficha **Configuración** realice los cambios necesarios.

4. Clic en la ficha **Mensaje de entrada**.

5. En el cuadro **Título**, escriba un título para su mensaje.

6. En el cuadro **Mensaje de entrada**, escriba un mensaje -algo breve- para informar al usuario los datos que debe introducir.

7. Clic en **Aceptar**.

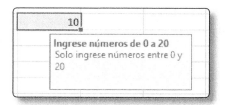

Figura 7.4. Mensaje de entrada al seleccionar la celda.

Agregar un mensaje de error:

1. Seleccione la celda o rangos al que quiera aplicar validación y a su vez un mensaje de error.

2. Vaya al cuadro de diálogo **Validación de datos**.

3. En la ficha **Configuración** realice los cambios necesarios.

4. Clic en la ficha **Mensaje de error**.

5. Clic en la flecha del desplegable **Estilo** y seleccione entre estas opciones:

- **Detener:** Te da un mensaje si el dato no es correcto y no te permitirá introducirlo.

- **Advertencia:** Te da un mensaje si el dato no es correcto y te da opción de añadir el dato, no hacerlo o cancelar para añadir uno nuevo.

- **Información:** Te da un mensaje si el dato no es correcto y te da opciones de aceptar el dato o cancelarlo.

6. En el cuadro **Título**, escriba un título para su mensaje.

7. En el cuadro **Mensaje de error**, escriba un mensaje -algo breve- para informar al usuario los datos que debe ingresar.

8. Clic en **Aceptar**.

Figura 7.5. Cuadro de diálogo Detener cuando un dato no es el correcto.

7.3.1 Hazlo tú mismo

En este ejercicio aplicaremos la validación a sus datos, estableceremos un mensaje de entrada y de error, crearemos una lista desplegable y eliminaremos la validación de datos de una columna. Se usará el archivo **Validación.xlsx** ubicado en **C: | OfficeData | Capítulo 7.**

ⓘ **NOTA**

Abrir el libro *Validación.xlsx*.

1. Aplique una validación de datos a las notas de la lista de datos con las siguientes configuraciones.

- **Notas:** de **0 a 20**.

- **Mensaje de error: Detener**. (Escriba el título y el mensaje que quiera).

- **Mensaje de entrada:** Breve mensaje para ayudar a los usuarios a ingresar los datos.

2. Compruebe su trabajo ingresando datos que no cumplan con las configuraciones establecidas.

3. En la columna **Final**, quite la validación de datos.

4. En la celda **B17**, cree una lista con los datos de la columna **Cod_Alum**.

5. En **B17**, use la flecha desplegable para seleccionar un código y vea cómo se resalta la fila completa. (Este resaltado es porque se ha creado formato condicional. Vea "Formato condicional" en el Capítulo 6: *Conociendo Excel 2016*).

6. Aplique una validación de datos a la columna **Cod_Alum** para que solo acepte datos de seis (6) caracteres.

7. En A4, cambie AL-001 por AL-25551 y compruebe que el dato no se pueda ingresar.

8. Guarde los cambios y cierre el libro.

	A	B	C	D	E	F	G	H	I
1	Lista de alumnos								
2	Turno:	Mañana							
3	Cod_Alum	Apellido P	Apellido M	Nombres	Nota1	Nota2	Nota3	Nota4	Final
4	AL-001	Asencios	Izquierdo	Sadid Karina	13	16	15	20	16.0
5	AL-002	Blancas	Leó	Danny Anthony	11	12	15	12	12.5
6	AL-003	Cajusol	Ortí	Jose Martin	15	17	17	18	16.8
7	AL-004	Cervantes	Moreno	Medalitt Miulli	8	10	14	10	10.5
8	AL-005	Coraquillo	Blanquillo	Noe Rockcy		17	17	18	17.3
9	AL-006	De La Cruz	Ramos	William Jhoel	14	13	15	16	14.5
10	AL-007	Edery	López	Mario Angel	13	15	15		14.3
11	AL-008	Flores	Días	Eutemio	12	15	15	18	15.0
12	AL-009	Merino	Ruiz	Jessica Judith	11	11	4	16	10.5
13	AL-010	Pacheco	Dextre	Marcia Veronica		13	16	16	15.0
14	AL-011	Saavedra	Flores	Betty	13	14	14	15	14.0
15	AL-012	Sandoval	Ipanaque	Jose Jesus	13	13		0	8.7
16									
17	Alumno	AL-005							
18									

Figura 7.6. Lista de alumnos con validación de datos.

7.4 CONVERTIR LISTAS EN TABLAS

Excel siempre usó la característica de tablas, aunque con un nombre diferente: **Listas**. Una **tabla** es sólo un rango rectangular de datos estructurados. Las tablas están formadas por columnas al que llamamos **campos** y por filas a lo que llamamos **registros**.

> **NOTA**
>
> La terminología usada es igual al de las tablas en Access

Los campos en las tablas representan los nombres de los datos que se van a introducir. Por ejemplo, si nos basamos a una tabla de empleados, puede tener los campos **Nombres**, **Apellidos**, **DNI**, etc. Los registros son las entidades dentro de una tabla. Cada registro puede contener información valiosa de un empleado.

En este libro, las tablas de datos que ha usado durante varios ejercicios se les ha llamado listas de datos, solo para evitar la confusión con las tablas oficiales en Excel. La diferencia radica en el formato y la potencia que tienen las tablas para resumir datos y realizar otras acciones. Es más, se recomienda usar tablas para luego crear tablas y gráficos dinámicos.

> **NOTA**
>
> Debido a la naturaleza de este libro, no se han incluido los temas de *Tablas dinámicas* y *Gráficos dinámicos*. Sin embargo, puede recurrir al libro *Tablas Dinámicas en Excel 2013* de Antonio Menchén Peñuela, de esta misma casa editorial.

Para convertir una lista de datos en tablas y usar todo su potencial, siga estos pasos:

Convertir lista de datos en tablas:

1. Clic en alguna parte de la lista de datos.

2. Clic en la ficha **Insertar**, y en el grupo **Tablas**, clic en **Tabla**. Se abre el cuadro de diálogo **Crear tabla**.

3. En el cuadro **¿Dónde están los datos de la tabla?** Verifique que la selección haya sido la correcta. En caso no sea así, vuelva a seleccionar manualmente.

4. Active la casilla **La tabla tiene encabezados** si es que la lista de datos la tuviese. Si no fuera así, Excel creará una fila más encima de toda la lista de datos que servirá como encabezados.

5. Clic en **Aceptar**. La lista de datos se convierte en una tabla y muestra un formato diferente.

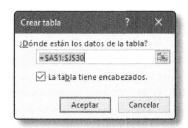

Figura 7.7. Cuadro de diálogo Insertar tabla.

Id	Compañía	Apellidos	Nombre	Cargo	Teléfono del trabajo	Número de fax	Dirección	Estado o provincia	País o región
1	Compañía A	Benito	Almudena	Propietario	987 654 321	987 654 321	Calle Primera, 123	Madrid	España
2	Compañía B	Bermejo	Antonio	Propietario	987 654 321	987 654 321	Calle Segunda, 123	Sevilla	España
3	Compañía C	López	Arturo	Representante de compras	987 654 321	987 654 321	Calle Tercera, 123	Barcelona	España
4	Compañía D	García	Vanessa	Jefe de compras	987 654 321	987 654 321	Calle Cuarta, 123	Zaragoza	España
5	Compañía E	Gratacós Solsona	Antonio	Propietario	987 654 321	987 654 321	Calle Quinta, 123	Barcelona	España
6	Compañía F	Pérez-Olaeta	Francisco	Jefe de compras	987 654 321	987 654 321	Calle Sexta, 123	Valencia	España
7	Compañía G	Sánchez Sánchez	Yolanda	Propietario	987 654 321	987 654 321	Calle Séptima, 123	Zaragoza	España
8	Compañía H	Valdés	Rene	Representante de compras	987 654 321	987 654 321	Calle Octava, 123	Sevilla	España
9	Compañía I	Maldonado Guerra	Alfredo	Jefe de compras	987 654 321	987 654 321	Calle Novena, 123	Sevilla	España
10	Compañía J	Alverca	Juan	Jefe de compras	987 654 321	987 654 321	Calle Décima, 123	Zaragoza	España
11	Compañía K	Caro	Fernando	Jefe de compras	987 654 321	987 654 321	Calle Decimoprimera, 123	Barcelona	España
12	Compañía L	De Camargo	Gustavo	Jefe de compras	987 654 321	987 654 321	Calle Decimosegunda, 123	Valencia	España
13	Compañía M	Fuentes Espinosa	Alfredo	Representante de compras	987 654 321	987 654 321	Calle Decimotercera, 123	Barcelona	España
14	Compañía N	Estrada	Modesto	Representante de compras	987 654 321	987 654 321	Calle Decimocuarta, 123	Sevilla	España
15	Compañía O	Chaves Ferreira	Pedro	Jefe de compras	987 654 321	987 654 321	Calle Decimoquinta, 123	Barcelona	España
16	Compañía P	López García	Avelino	Representante de compras	987 654 321	987 654 321	Calle Decimosexta, 123	Sevilla	España
17	Compañía Q	García	César	Propietario	987 654 321	987 654 321	Calle Decimoséptima, 123	Madrid	España
18	Compañía R	García	Miguel Ángel	Representante de compras	987 654 321	987 654 321	Calle Decimoctava, 123	Valencia	España
19	Compañía S	Hurtado	Begoña	Ayudante de contabilidad	987 654 321	987 654 321	Calle Decimonovena, 123	Valencia	España
20	Compañía T	Castrejón	Francisco Javier	Jefe de compras	987 654 321	987 654 321	Calle Vigésima, 123	Barcelona	España
21	Compañía U	Junca	David	Jefe de contabilidad	987 654 321	987 654 321	Calle Vigesimoprimera, 123	Valencia	España
22	Compañía V	Ramos	Luciana	Ayudante de compras	987 654 321	987 654 321	Calle Vigesimosegunda, 123	Valencia	España
23	Compañía W	Lugo	José	Jefe de compras	987 654 321	987 654 321	Calle Vigesimotercera, 123	Barcelona	España
24	Compañía X	Machado	Manuel	Propietario	987 654 321	987 654 321	Calle Vigesimoprimera, 123	Madrid	España
25	Compañía Y	Martínez	Sandra I.	Jefe de compras	987 654 321	987 654 321	Calle Vigesimoquinta, 123	Madrid	España
26	Compañía Z	Pinto	Armando	Ayudante de contabilidad	987 654 321	987 654 321	Calle Vigesimosexta, 123	Zaragoza	España

Figura 7.8. Lista de datos convertido en Tabla.

Cuando una lista de datos es convertida a tabla, aparece la ficha contextual **Herramientas de tabla**, con su ficha **Diseño**. En esta ficha encontrará los comandos necesarios para trabajar con sus tablas. La ficha desaparece cuando hace clic en una celda que no pertenezca a las dimensiones de la tabla.

Cambiar el estilo de la tabla

1. En la ficha **Diseño**, en el grupo **Estilos de tabla**, realice alguna de las siguientes acciones en la galería de estilos:

   - Clic en alguna opción de la galería.

   - Use las flechas arriba y abajo para ver más estilos y clic en el que quiera.

   - Clic en el botón **Más** de la galería para que despliegue la galería de estilos y clic en el estilo que quiera.

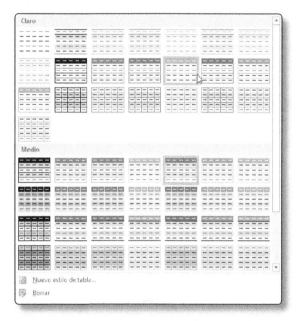

Figura 7.9. Galería Estilos de tabla.

Activar la fila de Totales al final de la Tabla:

1. En la ficha **Diseño**, en el grupo **Opciones de estilos de tabla**, clic en la casilla **Fila de totales**.

O

1. Con el botón derecho haga clic en la tabla y seleccione **Tabla**.

2. Clic en **Fila de totales**.

Usar funciones en la fila de totales:

1. Al final de la tabla, clic en la flecha desplegable de alguna columna.

2. Clic en la función que desee.

Figura 7.10. Lista de funciones en la flecha desplegable Totales.

Ordenar los datos en la tabla:

1. Clic en la flecha desplegable del nombre de campo.

2. Clic en alguna de las opciones de ordenamiento:

   • **Con textos: Ordenar de A a Z** u **Ordenar de Z a A**.

   • **Con Números: Ordenar de menor a mayor** u **Ordenar de mayor a menor**.

   • **Con Fechas: Ordenar de más antiguo a más reciente** u **Ordenar de más reciente a más antiguo**.

Filtrar los datos en la tabla:

1. Clic en la flecha desplegable del nombre de campo.

2. Clic en alguna de las opciones de filtro que necesita:

   • Filtros de texto
   • Filtros de número
   • Filtros de fecha

Convertir Tabla en Rango:

1. En la ficha **Diseño**, en el grupo **Herramientas**, clic en el botón **Convertir en rango**. Se abre un cuadro de mensaje preguntándole si quiere convertir la tabla en un rango común.

2. Clic en Sí.

Aplicar segmentación de datos para filtrar:

1. En la ficha **Diseño**, en el grupo **Herramientas**, clic en el botón **Insertar Segmentación de datos**. Se abre el cuadro de diálogo **Insertar segmentación de datos**.

2. Dentro del cuadro de diálogo **Insertar segmentación de datos,** clic en las casillas que representan a los campos de la tabla.

3. Clic en **Aceptar**. Se abre una ventana de diálogo que representa al campo seleccionado.

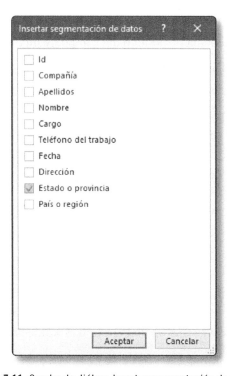

Figura 7.11. Cuadro de diálogo Insertar segmentación de datos.

4. En la ventana de diálogo de datos únicos, clic en los globos azules que representan datos únicos del campo para filtrar datos.

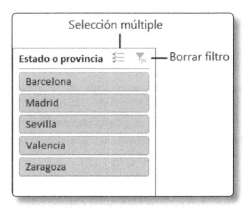

Figura 7.12. Ventana de diálogo con datos únicos.

Elegir varios datos en la segmentación:

1. En la ventana de diálogo del campo, realice alguna de estas acciones:

    - Clic en el botón **Selección múltiple.**
    - Pulse `Alt+S`.

2. Clic en uno o varios globos azules que representan datos únicos del campo para filtrar datos.

Quitar Filtro de Segmentación

1. En la ventana de diálogo del campo, realice alguna de estas acciones:

    - Clic en el botón **Borrar filtro.**
    - Pulse `Alt+C`.

Quitar Ventana de diálogo de Datos Únicos.

1. Clic a la ventana de diálogo de datos únicos.

2. Pulse `Suprimir`.

7.4.1 Hazlo tú mismo

En este ejercicio convertiremos una lista de datos en tabla, utilizará funciones, ordenaremos y aplicaremos filtros de segmentación, para concluir convirtiendo la tabla en un rango. Usaremos el archivo **Tablas.xlsx** ubicado en **C: | OfficeData | Capítulo 7.**

> (i) **NOTA**
> Abrir el libro *Tablas.xslx*

1. Convierta la lista de datos en una tabla.

2. Aplique el estilo de tabla **Estilo de tabla claro 8**.

3. Active la **Fila de totales**.

4. Aplique una función en la fila de **Totales** del campo **Nombre** para saber cuántos nombres hay en la tabla. La respuesta debe ser 29.

5. Aplique una función en la fila de **Totales** del campo **Inversión** para saber cuál es el promedio de inversión. La respuesta debe ser *119479.59*.

6. Ordene el campo **Inversión** por los montos más altos hacia los más bajos.

7. Inserte las ventanas de datos únicos de la segmentación de datos para los campos **Fecha** y **Estado o provincia**.

8. Filtre los datos para que se muestren solo **Barcelona**, **Madrid** y **Zaragoza**.

9. Borre la segmentación y quite la ventana de datos únicos de **Estado y provincia**.

10. Filtre los datos para que se muestren solo los datos del mes de **abril**.

11. Borre el filtro.

12. Convierta la tabla en un rango común.

13. Guarde los cambios y cierre el libro.

7.5 INSERTAR GRÁFICOS

Desde Excel 2007 se pueden crear gráficos de manera mucho más rápida. En versiones anteriores había que seguir un asistente de aproximadamente cuatro pasos hasta completar un gráfico, ahora simplemente existe el grupo **Gráficos** para la creación del mismo. Para comenzar a crear un gráfico puede usar alguna de las galerías del grupo **Gráfico** en la ficha **Insertar**. El grupo gráficos ha sido renovado con nuevos gráficos (seis en total), y otros solo han sido agrupados en otras categorías. Los gráficos que presenta Excel son: Columnas o barras, Líneas o áreas, Circular o anillo, Jerarquía, Estadística, Dispersión o burbujas, Cascada o cotizaciones, Superficie o radial y Combinado.

Antes de comenzar a crear un gráfico debe tener algunos números, a lo que generalmente conocemos como datos. Los datos están almacenados en las celdas de una hoja, pero no necesariamente puede ser en una sola hoja, estos datos pueden estar en otras hojas de su mismo libro o en un libro diferente.

Para crear un gráfico siga estos pasos:

Crear un gráfico:

1. Seleccione sus datos utilizando estos métodos:
    - **Contiguos:** Seleccione el rango.
    - **No contiguos:** Seleccione varios rangos usando la tecla `Ctrl`.

2. Clic en la ficha **Insertar**, y en el grupo **Gráficos**, clic en el botón desplegable del tipo de gráfico que quiera insertar.

3. En la galería desplegable, clic en el gráfico que quiera.

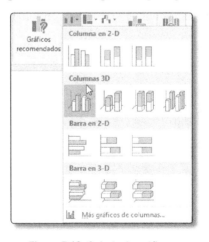

Figura 7.13. Galería de gráficos.

O

1. Seleccione sus datos contiguos.

2. Clic en el botón **Análisis rápido**. Se despliega una llamada de diálogo.

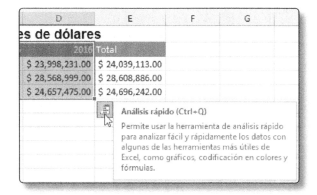

Figura 7.14. Botón Análisis rápido.

3. En esta llamada, clic en Gráficos y luego clic en el gráfico que necesite.

Figura 7.15. Llamada de diálogo Análisis rápido.

Crear un Gráfico recomendado:

1. Seleccione sus datos contiguos o no contiguos.

2. Clic en la ficha **Insertar**, y en el grupo **Gráficos**, clic en el botón **Gráficos recomendados**. Se abre el cuadro de diálogo Insertar gráficos.

3. En la ficha **Gráficos recomendados**, verifique los gráficos que recomienda Excel para sus datos seleccionados.

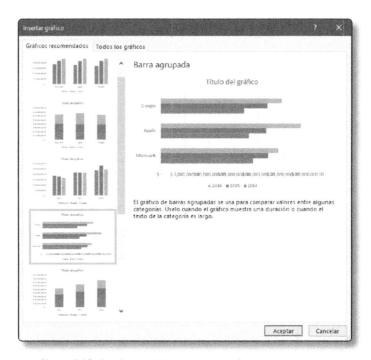

Figura 7.16. Cuadro de diálogo Insertar gráficos recomendados.

4. Clic en el gráfico que desee, y luego clic en **Aceptar**.

Una vez creado el gráfico, aparecerá la ficha contextual **Herramientas de gráficos** con sus dos fichas: **Diseño** y **Formato**.

La ficha contextual **Diseño** le permitirá cambiar el tipo de gráfico, así como guardarlo como plantilla. Además, le permite seleccionar nuevamente el origen de datos, aplicarles un diseño y un estilo a los gráficos. También podrá mover su gráfico a una hoja nueva o una hoja existente.

La ficha contextual **Formato** permite controlar el aspecto individual de los elementos del gráfico. Entre esos aspectos puede ser el cambio del efecto biselado al gráfico, así como aplicar estilos de forma, agregar efectos 3D, entre otros.

A su vez, cuando selecciona el gráfico, a la derecha aparecen botones contextuales, tal como aparece en la imagen, que permiten añadir elementos, cambiar el diseño y filtrar los valores en el gráfico.

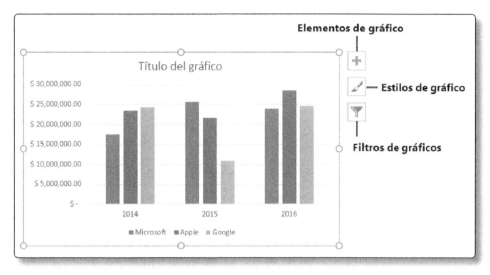

Figura 7.17. Botones contextuales de un gráfico.

Cambiar el Estilo de diseño:

1. En la ficha Diseño, en el grupo **Estilos de diseño**, realice alguna de estas acciones:

   - Clic en alguna opción de la galería.

   - Use las flechas arriba y abajo para ver más estilos y clic en el que quiera.

   - Clic en el botón **Más** de la galería para que despliegue la galería de estilos de diseño y clic en el estilo que quiera.

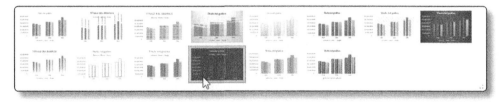

Figura 7.18. Galería estilos de diseño.

O

1. Clic en el botón contextual **Estilos de gráfico**.

2. Navegue por las opciones.

3. Clic en el estilo de diseño que necesite.

Aplicar un Diseño rápido:

1. En la ficha **Diseño**, en el grupo **Diseños de gráfico**, clic en **Diseño rápido**.

2. Seleccione el diseño que necesite.

Agregar Elementos de gráfico:

1. En la ficha **Diseño**, en el grupo **Diseños de gráfico**, clic en **Agregar elemento de gráfico**.

2. Seleccione el elemento como ejes, leyendas, título del gráfico, etc.

O

1. Clic en el botón contextual **Elementos de gráfico**.

2. Navegue por las opciones.

3. Clic en el estilo de diseño que necesite.

Cambiar tipo de gráfico:

1. En la ficha **Diseño**, en el grupo **Tipo**, clic en **Cambiar tipo de gráfico**. Se abre el cuadro de diálogo **Cambiar tipo de gráfico**.

2. En los tipos de gráficos (lado izquierdo), clic en el tipo de gráfico por el que desea cambiar.

3. Use los subtipos de gráfico (área más grande) en la parte superior del cuadro de diálogo.

4. Clic en **Aceptar**.

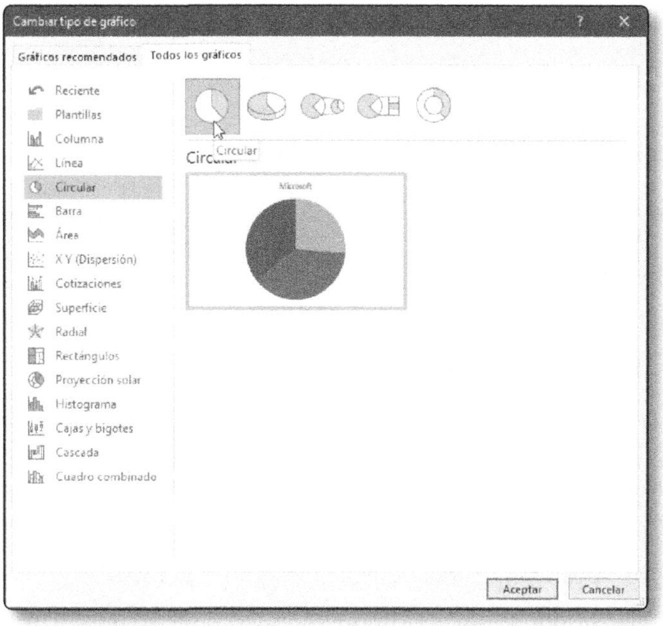

Figura 7.19. Cuadro de diálogo Cambiar tipo de gráfico.

Mover gráfico:

1. En la ficha **Diseño**, en el grupo **Ubicación**, clic en **Mover gráfico**. Se abre el cuadro de diálogo **Mover gráfico**.

2. Seleccione alguna de las opciones:
   - **Hoja nueva:** Escriba en el cuadro en blanco el nombre de la hoja que tendrá su gráfico.
   - **Objeto en:** Seleccione de la lista desplegable las hojas ya creadas en el libro de Excel.

3. Clic en **Aceptar**.

Figura 7.20. Mover gráfico.

7.5.1 Hazlo tú mismo

En este ejercicio insertaremos varios gráficos, los personalizaremos, cambiaremos los tipos para luego moverlos a otra hoja. Usaremos el archivo **Gráficos.xlsx** ubicado en **C: | OfficeData | Capítulo 7.**

ⓘ **NOTA**

Abrir el libro Gráficos.xlsx

1. Seleccione **A2:B5** para seleccionar los datos de las empresas y la columna **2014**.

2. Inserte un gráfico de columnas agrupadas.

3. Ajuste su tamaño y posiciónelo justo debajo de la tabla de datos.

4. Inserte el mismo tipo de gráfico para el año **2015**, ajuste su tamaño, y posiciónelo a la derecha del primer gráfico.

5. Inserte el mismo tipo de gráfico para el año **2016**, ajuste su tamaño, y posiciónelo a la derecha del segundo gráfico.

6. Cambie el gráfico del 2016 por un gráfico **Circular**.

7. Agregue una **leyenda a la izquierda**.

8. Agregue una etiqueta de datos al **extremo externo**.

9. Cambie al gráfico del 2015 por el estilo de diseño **Estilo 14**.

10. Cambie el tipo de gráfico del 2014 por un gráfico en **Cascada**.

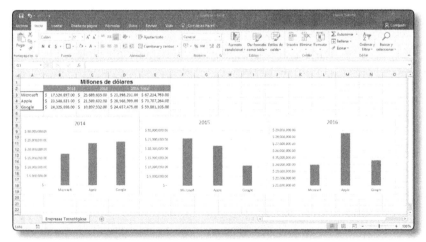

Figura 7.21. Gráficos insertados en la hoja actual.

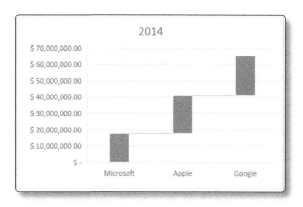

Figura 7.22. Gráfico en Cascada.

11. Mueva el gráfico 2015 a una nueva hoja con el nombre Mi gráfico 2015.

12. Guarde los cambios y cierre el libro.

8

TRABAJAR CON POWERPOINT 2016

PowerPoint proporciona las herramientas que necesita para crear una presentación que sea agradable para su público. Presentar sus ideas puede ser la mejor forma de ganar un contrato, persuadir a sus colegas para que realicen el proyecto de otra manera, demostrar el avance de su equipo de trabajo, presentar un plan de negocios y mucho más. Una buena presentación equivale a que el expositor ha utilizado correctamente todos los elementos necesarios que pueden ir en una diapositiva, como imágenes, gráficos o vídeos.

En este capítulo, aprenderá las diferentes herramientas que posee PowerPoint para crear presentaciones profesionales.

8.1 LAS VISTAS DE PRESENTACIÓN

PowerPoint maneja cinco vistas de presentación. La vista por defecto es la vista Normal, el cual muestra el panel de diapositiva a la izquierda, y una diapositiva como área de trabajo. La vista Esquema es parecida a la vista normal solo que ahora el panel que está a la izquierda es el panel **Esquema**. La vista **Clasificador de diapositiva** ayuda a organizar mejor las diapositivas de su presentación. **Vista de lectura** permite revisar la presentación quitando partes de la ventana que dificultan la lectura. Y la vista **Página de notas** muestra la diapositiva con especial énfasis hacia las notas del orador. Todas estas opciones de vista se encuentran en la ficha Vista, dentro del grupo V**istas de presentación**, tal como vemos en la siguiente imagen.

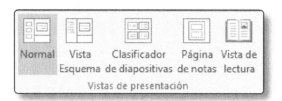

Figura 8.1. Grupo Vistas de presentación.

Al extremo derecho de la barra de estado también puede encontrar los comandos de vistas, incluido la vista **Presentación con diapositivas**. Esta última vista muestra la diapositiva actual como presentación a pantalla completa, ideal cuando ya va a dar inicio a la exposición.

Figura 8.2. Barra de estado de PowerPoint 2016.

Activar la vista Normal:

1. Clic en la ficha **Vista**, y en el grupo **Vistas de presentación**, clic en el botón **Normal**.

O

1. En la barra de estado, clic en el botón **Normal**.

Seleccionar diapositivas en la vista Normal:

1. En el **Panel de diapositivas** (a la izquierda), clic en la diapositiva que quiera seleccionar.

Eliminar diapositivas en la vista Normal:

1. En el **Panel de diapositivas** (a la izquierda), Con el botón derecho haga clic en la diapositiva que quiera eliminar.

2. Clic en **Eliminar diapositiva**.

O

1. Seleccione la diapositiva.

2. Pulse *Suprimir*.

Duplicar diapositivas en la vista Normal:

1. En el **Panel de diapositivas** (a la izquierda), Con el botón derecho haga clic en la diapositiva que quiera duplicar.

2. Clic en **Duplicar diapositiva**.

Ocultar una diapositiva en la vista Normal:

1. En el **Panel de diapositivas** (a la izquierda), Con el botón derecho haga clic en la diapositiva que quiera ocultar.

2. Clic en **Ocultar diapositiva**.

Activar la vista Esquema:

1. Clic en la ficha **Vista**, y en el grupo **Vistas de presentación**, clic en el botón **Esquema**.

Agregar texto en una diapositiva de la vista Esquema:

1. En el **Panel esquema** (a la izquierda), clic a la derecha de la miniatura de la diapositiva donde quiere escribir.

2. Escriba el texto. Este será considerado como un título.

3. Pulse *Enter*. Se crea una nueva miniatura de diapositiva.

4. Pulse la tecla *Tab*. Aparece una viñeta para añadir más texto.

5. Añada el texto que desea.

Activar la vista Clasificador de diapositivas:

1. Clic en la ficha **Vista**, y en el grupo **Vistas de presentación**, clic en el botón **Clasificador de diapositivas**.

O

1. En la barra de estado, clic en el botón **Clasificador de diapositivas**.

Cambiar de posición las diapositivas en la vista Clasificador:

1. Clic sin soltar en la diapositiva que quiera cambiar de posición.

2. Arrastre hacia el nuevo lugar.

3. Suelte el clic. La diapositiva quedará posicionada en su nueva ubicación.

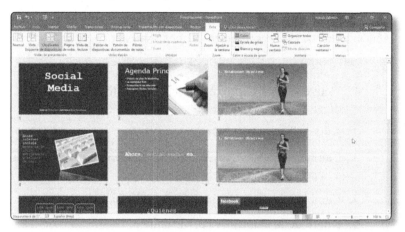

Figura 8.3. Vista Clasificador de Diapositivas.

Iniciar la presentación para el Público:

1. Realice alguna de estas acciones:

   - Pulse `F5`. Se inicia la presentación desde el principio.

   - Pulse `Mayús+F5`. Se inicia la presentación desde la diapositiva actual.

   - En la barra de estado, clic en el botón **Presentación con diapositivas**. Se inicia la presentación desde la diapositiva actual.

   - En la barra de herramientas de acceso rápido, clic en el botón **Presentación desde el principio**.

Usar la vista presentación con diapositivas:

1. Realice alguna de estas acciones:

   - **Avanzar por la presentación:** Pulse `Enter` o clic en la pantalla.

   - **Retroceder por la presentación:** Pulse `Retroceso`.

   - **Salir de la presentación:** Pulse `Esc`.

8.1.1 Hazlo tú mismo

En este ejercicio cambiaremos de vistas de presentación utilizando alguna de sus características, para luego presentarlo al público. Usaremos el archivo **Presentación_Diapositiva.pptx** ubicado en **C: | OfficeData | Capítulo 8.**

> (i) **NOTA**
>
> Abrir la presentación ***Presentación_Diapositiva.pptx***.

1. Active la vista **Esquema** y en la diapositiva 2, complete el título para que diga: `Agenda Principal`.

2. Agregue una nueva viñeta con el texto: `Principales Medios Sociales`.

3. Cambie a la vista **Clasificador de diapositiva** y mueva la diapositiva 10 a la posición 3.

4. Cambie a la vista **Normal** y oculte la diapositiva 5.

5. Duplique la diapositiva 3 y usando el clasificador de diapositivas mueva el duplicado a la posición 6.

6. Elimine la diapositiva 15.

7. Inicie la presentación al público desde la diapositiva 9.

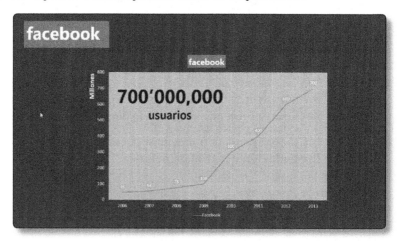

Figura 8.4. Diapositiva 9.

8. Avance hasta el final de la presentación.

9. Salga de la presentación, guarde los cambios y cierre el archivo.

8.2 CREANDO SUS PRIMERAS DIAPOSITIVAS

Para crear una presentación es necesaria una diapositiva. En PowerPoint una diapositiva es una página en blanco que es la base para albergar todo tipo de objeto y texto. Puede crear tantas diapositivas como desee que luego serán presentadas mediante algún proyector.

Cuando crea una nueva presentación, automáticamente se crea una diapositiva principal o diapositiva de **Título**. Al insertar una nueva diapositiva, el diseño de presentación es **Título y texto**, sin embargo, luego puede cambiar su diseño.

También puede insertar diapositivas a través de un esquema creado en Word. Este esquema en Word que se va creando cuando usa estilos (**Título 1**, **Título 2**), se añaden como nuevas diapositivas a la presentación.

Insertar una nueva diapositiva:

1. En la ficha **Inicio**, en el grupo **Diapositiva**, clic en el botón **Nueva diapositiva**.

O

1. Con el botón derecho haga clic en la primera diapositiva del panel Diapositivas.

2. Clic en **Nueva diapositiva**.

O

1. Pulse **Ctrl+M**.

Insertar una nueva diapositiva con diferente diseño:

1. En la ficha **Inicio**, en el grupo **Diapositiva**, clic en la flecha desplegable del botón **Nueva diapositiva**.

2. Clic en el diseño que desee.

Cambiar el diseño de la diapositiva insertada:

1. En la ficha **Inicio**, en el grupo **Diapositiva**, clic en el botón desplegable **Diseño**.

2. Clic en el diseño que desee.

O

1. Con el botón derecho haga clic en la diapositiva que quiera cambiar el diseño en el panel **Diapositivas**.

2. Señale **Diseño** y clic en el diseño que desee.

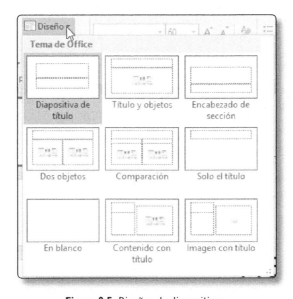

Figura 8.5. Diseños de diapositivas.

Duplicar diapositiva seleccionada:

1. En la ficha **Inicio**, en el grupo **Diapositiva**, clic en la flecha desplegable del botón **Nueva diapositiva**.

2. Clic en **Duplicar diapositivas seleccionadas**.

Insertar esquema de Word a sus diapositivas de PowerPoint:

1. En la ficha **Inicio**, en el grupo **Diapositiva**, clic en la flecha desplegable del botón **Nueva diapositiva**.

2. Clic en **Diapositivas del esquema**. Se abre el cuadro de diálogo **Insertar esquema**.

3. En el cuadro de diálogo **Insertar esquema**, navegue hasta encontrar el archivo de Word que servirá como esquema.

4. Clic en el archivo de Word y clic en **Insertar**. El esquema en Word se convierte en diapositivas.

Agregar secciones:

1. Seleccione la diapositiva desde donde quiere que aparezca la sección.

2. En la ficha **Inicio**, en el grupo **Diapositiva**, clic en el botón desplegable **Sección**.

3. Clic en **Agregar sección**.

ⓘ **NOTA**

Si ha elegido una diapositiva a partir de la diapositiva 2, se crearán dos secciones, una para el comienzo de las diapositivas, y otra para la diapositiva seleccionada.

O

1. Con el botón derecho haga clic en la diapositiva donde quiere que aparezca la sección.

2. Clic en Agregar sección.

Cambiar nombre de la sección:

1. Clic en la etiqueta de sección.

2. En la ficha **Inicio**, en el grupo **Diapositiva**, clic en el botón desplegable **Sección**.

3. Clic en **Cambiar nombre de sección**.

O

1. Con el botón derecho haga clic en la etiqueta de sección y clic en **Cambiar nombre de sección**.

Eliminar una sección:

1. Clic en la etiqueta de sección.

2. En la ficha **Inicio**, en el grupo **Diapositiva**, clic en el botón desplegable **Sección**.

3. Clic en **Quitar la sección**.

O

1. Con el botón derecho haga clic en la etiqueta de sección y clic en **Quitar la sección**.

Eliminar todas las secciones:

1. Clic en la etiqueta de sección.

2. En la ficha **Inicio**, en el grupo **Diapositiva**, clic en el botón desplegable **Sección**.

3. Clic en **Eliminar todas las secciones**.

O

1. Con el botón derecho haga clic en la etiqueta de sección y clic en **Eliminar todas las secciones**.

Contraer y/o Expandir las secciones:

1. Clic en cualquier etiqueta de sección.

2. En la ficha **Inicio**, en el grupo **Diapositiva**, clic en el botón desplegable **Sección**.

3. Seleccione alguna de estas opciones:
   - **Contraer todo**
   - **Expandir todo**

O

1. Con el botón derecho haga clic en la etiqueta de sección y clic en **Contraer todo** o **Expandir todo**.

8.2.1 Hazlo tú mismo

En este ejercicio crearemos una nueva presentación desde cero, añadiendo diapositivas para luego cambiar su diseño. Usaremos el archivo **Esquema.docx** ubicado en **C: | OfficeData | Capítulo 8.**

 NOTA

Abrir PowerPoint 2016.

1. Crear una nueva presentación en blanco.

2. Inserte una nueva diapositiva. No se preocupe por el diseño.

3. Inserte más diapositivas basados en el esquema del documento **Esquema. docx**.

4. Cambie el diseño de la diapositiva 5 por **Contenido con título**.

5. Cambie el diseño de la diapositiva 6 por **Dos objetos**.

6. Después de la diapositiva 4, insertar una nueva diapositiva en blanco.

7. Elimine la diapositiva 3.

8. Guarde con el nombre **Mi presentación.pptx**.

8.3 MARCADORES DE POSICIÓN

Las diapositivas son como las páginas en un documento de Word. La primera diapositiva por defecto presenta dos espacios para rellenar textos, estos espacios son conocidos como marcadores de posición. Haga clic en un marcador de posición y escriba el contenido de su diapositiva.

Dependiendo del diseño de diapositiva, pueden aparecer uno, dos o más marcadores de posición, incluso existe el diseño **En blanco** donde no hay ningún marcador de posición. Por lo general, hay dos tipos de marcadores de posición, los de Título (parte superior) y los de texto y objetos (parte inferior). Un marcador de texto y objeto permite agregar texto, pero además hay botones para insertar imágenes, vídeos, gráficos, u otros objetos.

Figura 8.6. Diapositiva con sus marcadores de posición.

Los marcadores de posición son como cuadros de texto, por ello, al hacer clic dentro de un marcador de posición, se activa la ficha contextual Herramientas de dibujo, con la ficha Formato.

Figura 8.7. Ficha contextual Herramientas de dibujo.

Insertar textos en los marcadores de posición:

1. Clic dentro del marcador de posición.

2. Escriba el texto.

Insertar textos en el marcador de posición Texto y Objetos:

1. Clic dentro del marcador de posición.

2. Escriba el texto.

3. Pulse *Enter* para crear una nueva viñeta.

4. Agregue más texto de ser necesario.

Insertar objetos en el marcador de posición Texto y Objetos:

1. Clic en el botón de objeto que necesite. Estos pueden ser:

   - Tabla
   - Gráfico
   - SmartArt
   - Imágenes
   - Imágenes en línea
   - Vídeos

2. Siga los pasos necesarios para insertar el objeto.

Cambiar el tamaño del marcador de posición

1. Seleccione el marcador de posición.

   - Clic dentro del marcador de posición.
   - Clic en el borde del marcador de posición.

2. Utilice los controladores de las esquinas, de lados y los de la parte superior e inferior y ajuste el tamaño.

Figura 8.8. Ajustar el tamaño del marcador de posición.

O

1. Seleccione el marcador de posición.

2. Clic en la ficha **Formato**.

3. En el grupo **Tamaño**, cambie los valores de:

   - Alto de forma
   - Ancho de forma

Girar el marcador de posición:

Girar el marcador de posición:

1. Señale el controlador de giro del marcador de posición.

2. Clic sin soltar y arrastre hacia el lado que quiera girar.

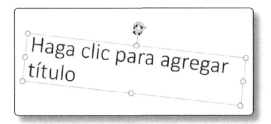

Figura 8.9. Girar el marcador de posición.

O

1. Seleccione el marcador de posición.

2. Clic en la ficha **Formato**.

3. En el grupo **Organizar**, clic en el botón desplegable **Girar**.

4. Seleccione alguna de las opciones:

   - Girar 90° a la derecha
   - Girar 90° a la izquierda
   - Voltear verticalmente
   - Voltear horizontalmente

Aplicar relleno de forma al marcador de posición:

1. Clic en la ficha **Formato**, y en el grupo **Estilos de forma**, clic en la flecha del botón desplegable **Relleno de forma**.

2. Clic en el color de su agrado.

Aplicar un contorno de forma al marcador de posición:

1. Clic en la ficha **Formato**, y en el grupo **Estilos de forma**, clic en la flecha del botón desplegable **Contorno de forma**.

2. Clic en el color de su agrado.

Aplicar un grosor de contorno al marcador de posición:

1. Clic en la ficha **Formato,** y en el grupo **Estilos de forma**, clic en la flecha del botón desplegable **Contorno de forma**.

2. Señale **Grosor** y haga clic en el tamaño que desee.

Aplicar efectos de forma al marcador de posición:

1. Clic en la ficha **Formato,** y en el grupo **Estilos de forma**, clic en la flecha del botón desplegable **Efectos de forma**.

2. Señale las diversas opciones del menú desplegable. Entre las opciones están: **Sombra, Reflexión** o **Iluminado**.

3. Clic en la opción que desee.

Aplicar estilos prediseñados al marcador de posición:

1. Clic en la ficha **Formato,** y en el grupo **Estilos de forma**, realice alguna de estas acciones en la galería **Estilos de forma**:
   - Clic en el estilo que desee.
   - Clic en las flechas arriba o abajo y seleccione el estilo.
   - Clic en el botón **Más** y seleccione el estilo.

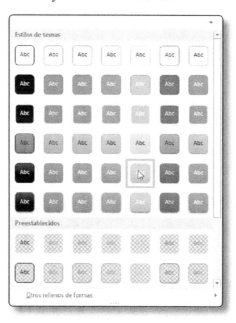

Figura 8.10. Galería Estilos de forma.

Aplicar estilos de WordArt al texto del marcador de posición:

1. Clic en la ficha **Formato**, y en el grupo **Estilos de WordArt**, realice alguna de estas acciones en la galería **Estilos de WordArt**:

   - Clic en el estilo que desee.
   - Clic en las flechas arriba o abajo y seleccione el estilo.
   - Clic en el botón **Más** y seleccione el estilo.

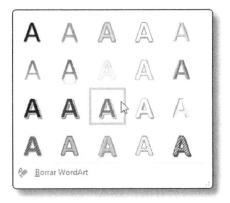

Figura 8.11. Galería Estilos de WordArt.

Aplicar efectos de texto

1. Clic en la ficha **Formato**, y en el grupo **Estilos de WordArt**, clic en la flecha del botón desplegable **Efectos de texto**.

2. Señale las diversas opciones del menú desplegable. Entre las opciones están: **Reflexión, Texto 3D** o **Iluminado**.

3. Clic en la opción que desee.

8.3.1 Aplicar formato de fuente y alineación

Al igual que un documento en Word 2016, puede aplicar formato a sus textos dentro de un marcador de posición. Todos los comandos para dar formato al texto se encuentran en el grupo Fuente. Los comandos del grupo Fuente son idénticos a Word, por ejemplo, aplicar Negrita, cambiar el tipo de fuente y el tamaño es lo mismo. El otro grupo que también es importante es **Párrafo**. Desde ese grupo puede aplicar la alineación izquierda, derecha o centrada, así como viñetas y numeración.

Para aplicar un formato al texto o párrafo, primero debe seleccionarlo o simplemente seleccionar el marcador de posición.

La siguiente lista paso a paso se centra más en los comandos que son importantes en PowerPoint. Si está leyendo este capítulo sin consultar los anteriores, vea "Aplicar formato de fuente" y "Aplicar formato a los párrafos en el Capítulo 4: *Conociendo Word 2016.*

Aplicar espacio entre caracteres:

1. Seleccione el texto o el marcador de posición.

2. En la ficha **Inicio**, en el grupo **Fuente**, clic en **Espacio entre caracteres**.

3. Seleccione la opción que necesite:

   - Estrecho
   - **Muy estrecho**
   - **Normal**
   - **Separado**
   - **Muy separado**

Quitar todo el formato:

1. Seleccione el texto o el marcador de posición.

2. En la ficha **Inicio**, en el grupo **Fuente**, clic en el botón **Borrar formato**.

Aplicar o quitar viñetas:

1. Seleccione el texto o el marcador de posición.

2. En la ficha **Inicio**, en el grupo **Párrafo**, clic en el botón **Viñetas**.

Aplicar o quitar numeración:

1. Seleccione el texto o el marcador de posición.

2. En la ficha **Inicio**, en el grupo **Párrafo**, clic en el botón **Numeración**.

Dividir el texto en dos columnas:

1. Seleccione el texto o el marcador de posición.

2. En la ficha **Inicio**, en el grupo **Párrafo**, clic en el botón desplegable **Agregar o quitar columnas.**

3. Elija entre:

   - Una columna
   - Dos columnas
   - Tres columnas

Cambiar la dirección del texto:

1. Seleccione el texto o el marcador de posición.

2. En la ficha **Inicio**, en el grupo **Párrafo**, clic en el botón desplegable **Dirección del texto.**

3. Elija entre:

   - Horizontal
   - Girar texto 90°
   - Girar texto 270°
   - Apilado

Figura 8.12. Lista desplegable del botón Dirección del texto.

Alinear el texto en el marcador de posición:

1. Seleccione el texto o el marcador de posición.

2. En la ficha **Inicio**, en el grupo **Párrafo**, clic en el botón desplegable **Alinear texto.**

3. Seleccione entre:

- Arriba
- Central
- Inferior

Convertir texto en un gráfico SmartArt:

1. Seleccione el texto o el marcador de posición.

2. En la ficha **Inicio**, en el grupo **Párrafo**, clic en el botón desplegable **Convertir a SmartArt.**

3. De la galería de opciones, clic en el gráfico que necesite.

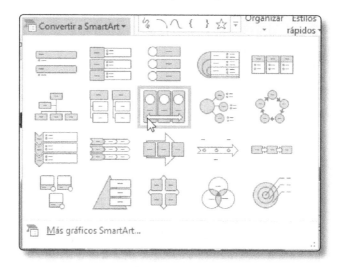

Figura 8.13. Galería del botón Convertir a SmartArt.

8.3.2 Hazlo tú mismo

En este ejercicio aplicaremos formatos a los textos y a los marcadores de posición. Utilizaremos el archivo **Marcador_Posición.pptx** ubicado en **C: | OfficeData | Capítulo 8.**

 NOTA

Abrir la presentación *Marcador_Posición.pptx*.

1. En la diapositiva 1 aplique al marcador de posición de título los siguientes formatos:
   - **Fuente:** Verdana
   - **Tamaño:** 96
   - **Atributo:** Negrita
   - **Color de fuente:** Negro, Texto 1, Claro 25%.

2. En la diapositiva 1, agregue delante del texto *Handz Valentin* lo siguiente: `Creado por`.

3. Agregue después de *Handz Valentin* lo siguiente: `,especialista en`.

4. Pulse `suprimir` para que el texto *Social Media Manager* forme parte de la línea de texto.

5. Aplique los siguientes formatos:
   - **Fuente:** Lucida Bright
   - **Tamaño:** 22
   - **Al texto *Handz Valentin* y *Social Media Manager:*** Naranja, Énfasis 2, Oscuro 25%.

6. Ajuste el alto del marcador de posición a **1.3 cm**.

7. Mueva el marcador de posición al extremo inferior de la diapositiva.

Figura 8.14. Diapositiva 1 después de aplicar formato.

8. Seleccione la diapositiva 2 y aplique al título:
   - **Fuente:** Verdana
   - **Tamaño de fuente:** 92

9. En la misma diapositiva, aplique al texto:

- **Fuente:** Lucida Bright
- **Tamaño de fuente:** 24

10. Inserte una nueva diapositiva con el diseño **Solo título**.

11. Escriba en el marcador de posición: `Plan de Marketing`.

12. Aplique los siguientes formatos al texto:

- **Fuente:** Verdana
- **Tamaño de fuente:** 80
- **Atributo:** Negrita
- **Iluminado:** Azul, 18 ptos Iluminado, color de énfasis 5.
- **Alineación:** Centrado

13. Ajuste el tamaño del marcador de posición para que el texto esté en dos líneas. (Vea la Figura 8. 15 como referencia).

Figura 8.15. Diapositiva 3 después de aplicar formato.

14. Seleccione la diapositiva 5 y convierta el texto a un gráfico SmartArt con el diseño **Ciclo básico**.

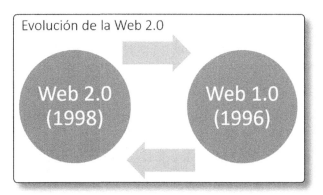

Figura 8.16. Diapositiva 5 después de aplicar formato.

15. Guarde los cambios y cierre la presentación.

8.4 CAMBIAR EL DISEÑO Y EL FONDO DE SUS PRESENTACIONES

Cuando comienza a trabajar en su presentación la primera diapositiva es blanca, al igual que las demás que va creando. Esto no significa que sea la mejor forma de presentar su información al público. Quizá un diseño multicolor sea su mejor aliado, o también lo pueden ser coleres oscuros o tenues. Sea cual sea el caso, puede cambiar el diseño de sus diapositivas con unos cuantos clics.

En la ficha **Diseño** encontrará el grupo **Temas** y allí mismo está la galería de temas que puede aplicar a sus diapositivas. Los **Temas** son un conjunto de configuraciones que incluyen un fondo, un estilo, y efectos. Por lo tanto, cuando aplica un tema a su presentación, el contenido que ya estaba formateado anteriormente heredará las configuraciones del tema.

Figura 8.17. Ficha Diseño.

El grupo **Variantes**, en la ficha **Diseño**, presenta algunos subdiseños del tema principal. Además, desde el desplegable de la galería podrá encontrar las configuraciones individuales del tema como los colores, fuentes, efectos y fondos.

Para aplicar un **Tema** y sus variantes a una presentación, siga estos pasos:

Aplicar un tema a toda la presentación:

1. Clic en la ficha **Diseño**, y en el grupo **Temas**, realice alguna de estas acciones.

    • En la galería de temas, haga clic en el tema que desea.

    • Clic en las flechas arriba y/o abajo de la galería de temas, y clic en el tema que desea.

    • Clic en el botón **Más** de la galería de temas, y elija uno.

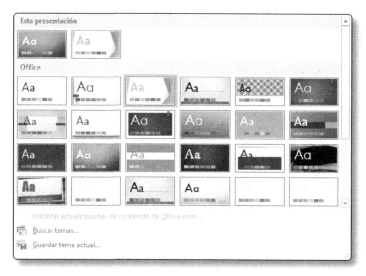

Figura 8.18. Galería de Temas.

Aplicar un tema a las diapositivas seleccionadas:

1. Seleccione una o varias diapositivas usando `Ctrl+Clic`.

2. Con el botón derecho haga clic en el tema y clic en **Aplicar a las diapositivas seleccionadas**.

Aplicar una variante de tema:

1. Clic en la ficha **Diseño**, y en el grupo **Variantes**, realice alguna de estas acciones.

   • En la galería de variantes, clic en la variante que desea.

   • Clic en las flechas arriba y/o abajo de la galería de variantes, y clic en la variante que desea.

   • Clic en el botón **Más** de la galería de variantes, y elija la variante.

Cambiar colores, efectos, fuentes y fondo al tema seleccionado:

1. Clic en la ficha **Diseño**, y en el grupo **Variantes**, clic en el botón **Más** de la galería de variantes.

2. Seleccione alguna de las opciones listadas:

- Colores
- Fuentes
- Efectos
- Fondo

3. Clic en la opción que desee.

Aplicar un fondo de relleno sólido:

1. Clic en la ficha **Diseño**, y en el grupo **Personalizar**, clic en el botón **Formato del fondo.** Se abre el panel **Dar formato al fondo.**

2. En la sección **Relleno**, clic en **Relleno sólido**.

3. Clic en el desplegable **Color**, y seleccione el color de su agrado.

4. Si es necesario, clic en el botón **Aplicar a todo**.

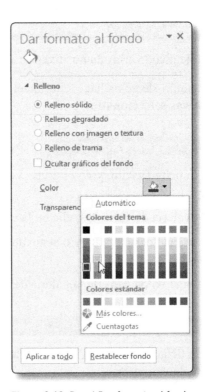

Figura 8.19. Panel Dar formato al fondo.

Cambiar el tamaño de diapositiva:

1. Clic en la ficha **Diseño**, y en el grupo **Personalizar**, clic en el botón **Tamaño de diapositiva.**

2. Seleccione alguna de estas opciones:

   - **Estándar (4:3):** Ideal para la mayoría de proyectores.
   - **Pantalla panorámica (16:9):** Ideal para pantallas amplias de alta resolución.

8.5 INSERTAR TABLAS, GRÁFICOS Y MULTIMEDIA

PowerPoint es una aplicación que tiene mucho potencial para presentar objetos en pantalla que complementen la información que da el expositor. Estos objetos pueden ser tablas, gráficos, imágenes, sonidos, o vídeos. Se puede hacer uso de todos ellos, pero siempre tenga buen juicio para evitar rellenar una diapositiva con demasiada información visual.

Algunos usuarios creen que cuantas más imágenes haya en una diapositiva esta se verá mejor, o que insertar un sonido en cada diapositiva es ideal para que el público no se duerma. Recuerde, las diapositivas son solo ayudas visuales, no es el todo de la presentación.

Insertar tablas:

1. Clic en la ficha **Insertar**, y en grupo **Tablas**, clic en **Tabla**.

2. Realice alguna de estas acciones.

   - Clic en los pequeños cuadrados para especificar la dimensión de la tabla.
   - Clic en **Insertar tabla** y especifique la cantidad de filas y columnas que tendrá la tabla.

O

1. En el marcador de posición de texto y objeto, clic en el icono de **Insertar Tabla**. Se abre el cuadro de diálogo **Insertar tabla**.

2. Cambie el valor en el cuadro **Número de columnas** y **Número de filas** para especificar las dimensiones de la tabla.

3. Clic en **Aceptar**.

Insertar imágenes:

1. Realice alguna de estas acciones:

   - Clic en la ficha **Insertar**, y en el grupo **Imágenes**, clic en **Imágenes**. Se abre el cuadro de diálogo **Insertar imagen**.

   - En el marcador de posición de texto y objeto, clic en el icono **Insertar imágenes**.

2. Navegue hasta su carpeta donde se encuentra la imagen.

3. Seleccione la imagen, y clic en Insertar.

Crear un álbum de fotografías:

1. Clic en la ficha **Insertar**, y en grupo **Imágenes**, clic en el botón **Álbum de fotografías**. Se abre el cuadro de diálogo **Álbum de fotografías**.

2. Realice alguna de estas acciones:

   - Clic en el botón **Archivo o disco**, y agregue las imágenes necesarias.

   - Si es necesario agregar más imágenes, clic nuevamente en el botón **Archivo o disco** y agregue más imágenes.

3. En la sección Diseño del álbum, clic en el desplegable **Diseño de la imagen**, y seleccione el diseño que quiera.

4. Si lo desea, realice otras configuraciones en el cuadro de diálogo. Después, clic en **Crear**. Se crea una nueva presentación con las imágenes seleccionadas para el álbum.

Figura 8.20. Cuadro de diálogo Álbum de fotografías.

Insertar formas:

1. Clic en la ficha **Insertar**, y en el grupo **Ilustraciones**, clic en el botón desplegable **Formas**.

2. Clic en la forma que necesite.

3. Dibuje la forma en su diapositiva.

Figura 8.21. Galería de Formas.

Insertar vídeo:

1. Clic en la ficha **Insertar**, y en grupo **Multimedia**, clic en el botón desplegable **Vídeo**.

2. Seleccione alguna de estas opciones:

   - **Vídeo en línea:** Use sus vídeos de Facebook, busca vídeos de YouTube o puedes pegar el enlace del vídeo para insertarlo a la presentación.

- **Vídeo en Mi Pc:** Busca un vídeo en tus carpetas locales para insertarlo a su presentación.

3. Al final, aparece un reproductor en la diapositiva.

Insertar audio:

1. Clic en la ficha **Insertar**, y en grupo **Multimedia**, clic en el botón desplegable **Audio**.

2. Seleccione alguna de estas opciones:
   - **Audio en Mi Pc:** Busca un audio en tus carpetas locales para insertarlo a su presentación.
   - **Grabar audio:** Permite grabar tu voz o cualquier otro sonido. Se necesita un micrófono para realizar esta acción.

3. Al final, aparece un reproductor en la diapositiva.

Grabar la pantalla:

1. Clic en la ficha **Insertar**, y en grupo **Multimedia**, clic en el botón **Grabación de pantalla**. La pantalla de atenúa y aparece un panel de controles de grabación y un cuadro con líneas discontinuas rojas.

2. Clic en **Seleccionar área** y seleccione el área de grabación. El área de grabación está dimensionado al cuadro con líneas discontinuas rojas.

3. Clic en el botón **Audio** para grabar su voz. Necesita un micrófono para tal acción.

4. Clic en **Grabar puntero** si desea que aparezca el puntero en la grabación del vídeo.

5. Clic en **Grabar**. Ahora, realice cualquier acción y PowerPoint grabará en vídeo todo lo que haga. Recuerde, sujeto al tamaño de área seleccionado en el paso 2.

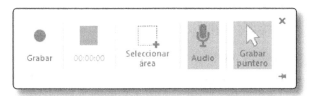

Figura 8.22. Controles de grabación.

6. Concluya la grabación pulsando `Windows+Mayús+Q`.

7. Al final, aparece un reproductor en la diapositiva.

Reproducir un audio o un vídeo:

1. Inserte el audio o vídeo.

2. Clic en el botón **Reproducir**.

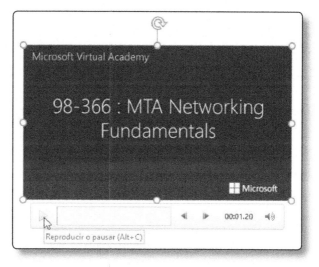

Figura 8.23. Reproducir audio o vídeo

O

1. Clic en la ficha **Formato** y/o **Reproducción**.

2. En el grupo **Vista previa**, clic en el botón **Reproducir**.

8.6 APLICAR TRANSICIONES

Después de concluir con el diseño, los textos, los formatos y con la inserción de objetos en sus diapositivas, es hora de darle un toque de animación a sus presentaciones y volverlas amenas e interesantes. Las transiciones son efectos que se aplican a las diapositivas y se reproducen en cada cambio de una diapositiva a otra.

Aplicar una transición a la diapositiva seleccionada:

1. Clic en la ficha **Transiciones**, y en el grupo **Transición a esta diapositiva**, realice alguna de estas acciones.

   - En la galería de transiciones, clic en la transición que desee.

   - Clic en las flechas arriba y/o abajo de la galería de transiciones, y clic en la transición que desee.

   - Clic en el botón **Más** de la galería de transiciones, y elija la transición.

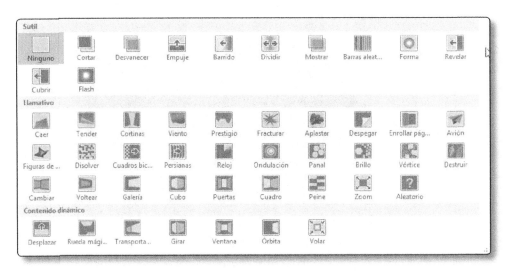

Figura 8.24. Efectos de Transición

Probar una transición:

1. Clic en la ficha **Transiciones**, y en el grupo **Vista previa**, clic en el botón **Vista previa**.

Aplicar tiempo a la transición:

1. Clic en la ficha **Transiciones**, y en el grupo **Intervalos**, cambie el valor del cuadro **Duración.**

2. De ser necesario, clic en el botón **Aplicar a todo**.

8.7 APLICAR ANIMACIONES A TEXTOS Y OBJETOS

Así como aplica un efecto de transición a sus diapositivas, los textos y objetos también tienen lo suyo. Se puede aplicar una animación desde la ficha **Animaciones**, dentro del grupo **Animación** y usar la galería de animaciones para aplicarlos a los textos u objetos de su diapositiva. Cuando utiliza la galería de animación, podrá elegir cuatro tipos:

▼ **Entrada:** Permite hacer una animación para que el objeto aparezca.

▼ **Énfasis:** Permite realizar una animación resaltando el objeto que acaba de aparecer.

▼ **Salida:** Permite aplicar una animación para que el objeto salga de la pantalla.

▼ **Trayectoria de desplazamiento:** Permite realizar un movimiento de desplazamiento del objeto.

Un objeto puede tener más de una animación. Por ejemplo, puede aplicar una animación de entrada y a su vez otra animación de salida. Con esta versatilidad, puede usar toda su creatividad para crear presentaciones dinámicas.

Aplicar animación:

1. Seleccione el objeto al que quiera aplicar animación.

2. Clic en la ficha **Animaciones**, y en el grupo **Animación**, realice alguna de estas acciones.

   • En la galería de animaciones, clic en la animación de entrada, énfasis, salida o trayectoria de desplazamiento que desee.

   • Clic en las flechas arriba y/o abajo de la galería de animaciones, y clic en la animación que desee.

   • Clic en el botón **Más** de la galería de animaciones, y elija la animación.

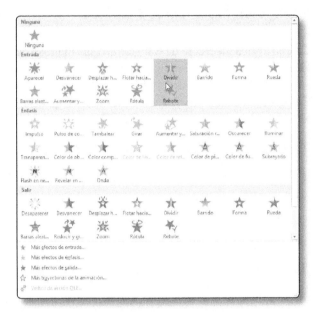

Figura 8.25. Galería de animaciones.

Aplicar animación al texto:

1. Seleccione el marcador de posición de texto y objeto. No seleccione el texto.

2. Clic en la ficha **Animaciones**, y en el grupo **Animación**, use la galería de animaciones para elegir la animación que desee.

Aplicar opciones de efecto al texto:

1. Aplique la animación de entrada, salida o énfasis al marcador de posición de texto y objeto.

2. En el grupo **Animación**, clic en el botón desplegable **Opciones de efectos**.

3. En la sección Secuencia, seleccione entre estas opciones:

   - Como un objeto
   - Todas a la vez
   - Como un párrafo

Añadir más animaciones al mismo objeto:

1. Seleccione el objeto que ya tiene una animación.

2. En la ficha **Animaciones**, grupo **Animación avanzada**, clic en el botón desplegable **Agregar animación**.

3. Seleccione su animación de entrada, énfasis, salida o trayectoria de desplazamiento que quiera añadir.

Duración de la animación:

1. Clic en la ficha **Animaciones**, y en el grupo **Intervalos**, cambie el valor del cuadro **Duración.**

8.8 HAZLO TÚ MISMO

En este ejercicio haremos un diseño para su diapositiva, con algunos objetos, y luego les añadiremos transiciones y animaciones a los objetos. Utilizaremos el archivo **Completar.pptx, Social Media.png y New_Land.mp3** ubicado en **C: | OfficeData | Capítulo 8.**

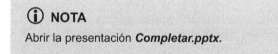

(i) **NOTA**

Abrir la presentación *Completar.pptx.*

1. Aplique el tema **Base** a toda la presentación.

2. Añada la cuarta variante a la aplicación.

3. A la diapositiva 1 aplique la transición **Ondulación**.

4. Estime una duración a la transición de **02.00**.

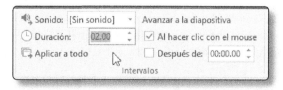

Figura 8.26. Grupo Intervalos.

5. A la diapositiva 2 ponga la transición **Revelar**.

6. Aplique una duración a la transición de **00.50**.

7. A la diapositiva 10 introduzca la transición **Cambiar**.

8. Cambie el tema por **Tema de Office**.

9. Inserte un color de fondo de relleno sólido a **Gris 25%, Fondo 2, Oscuro 75%** a toda la presentación.

10. A la diapositiva 13, aplique la segunda variante.

11. A la diapositiva 13, inserte la imagen **Social Media.png** y ajuste su tamaño para que quepa entre los dos textos.

Figura 8.27. Diapositiva 13.

12. Con la imagen **Social Media.png** use la animación de entrada **Barrido** con una duración de **00.30**.

13. A la misma imagen, utilice una animación de salida **Rebote**.

14. A la diapositiva 1 inserte el audio **New_Land.mp3**.

15. Reproduzca la canción.

16. Use la vista Presentación con diapositivas y revise cada diapositiva como si fuera a exponer hasta llegar al final. Después, guarde los cambios y cierre la presentación.

9

TRABAJAR CON ACCESS 2016

Access es el motor de base de datos relacional más utilizado del paquete Office. Estructura y Almacena su información en un conjunto de tablas que le permite administrar fácilmente su información. Con Access podrá ubicar rápidamente la información que necesite para luego presentar sus datos en atractivos formularios e informes.

El poder de una base de datos no es necesariamente el ingreso de datos, es lo que puedes hacer con esos datos. Una base de datos en formato electrónico podrá ayudar a ordenar los datos, solicitar algún dato en especial o facilitar el trabajo, es por ello que hoy muchas bases de datos manuales se han convertido en bases de datos electrónicas y con el poder de la Web, se pueden acceder a ellas y solicitar lo que se necesite.

En este capítulo aprenderá a utilizar herramientas básicas de Access, creando tablas para almacenar la información, buscando datos y manipulando otros objetos de bases de datos.

9.1 LA BASE DE DATOS DE ACCESS

Access 2016 es un Sistema de Gestión de Bases de Datos Relacionales que permite almacenar y recuperar la información de acuerdo con las relaciones que se hayan establecido en las tablas de una base de datos. Está compuesta por los siguientes objetos:

▼ **Tablas:** Conjunto de filas y columnas que permiten almacenar en forma ordenada la información de una base de datos. A cada una de estas filas se le llama **registros** y a cada columna se le denomina **campo**, el cual representa el atributo de dicho registro.

▼ **Consultas:** Elemento utilizado para obtener solamente la información requerida de la base de datos en un momento dado. Permite crear, ver, modificar y analizar datos de formas diferentes, al extraer información ordenada de las tablas.

▼ **Formularios:** Diseño personalizado para introducir, modificar y ver los registros de una base de datos. La principal función de los usuarios es hacer más agradable y funcional la introducción y visualización de la información.

▼ **Informes:** Documento en el cual puede imprimirse o visualizarse la información de una base de datos.

▼ **Macros:** Conjunto de acciones que realizan una operación determinada, automatizan tareas almacenando procedimientos que deben ejecutarse al realizar una acción.

▼ **Módulos:** Colección de declaraciones y procedimientos de VBA que se almacenan juntos como una unidad.

9.2 EL PANEL DE NAVEGACIÓN

Cuando abre una base de datos en Access el panel de Navegación aparece al lado izquierdo. En este panel se listan los objetos creados en la base de datos. Por defecto, se muestran todos los objetos de la base de datos, pero si lo desea puede mostrar solo tablas o solo las consultas. También puede organizar los objetos por fecha de creación o de modificación, además de ocultar el panel de navegación.

Desde este panel también podrá abrir los objetos de base de datos. Por ejemplo, si desea abrir una tabla, bastará con hacer doble clic sobre el objeto.

Mostrar u ocultar el panel de Navegación:

1. En la esquina superior derecha del panel, clic en el botón **Abrir o cerrar la barra tamaño del panel**.

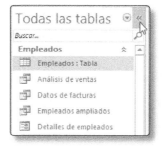

Figura 9.28. Panel de Navegación.

Organizar y filtrar los objetos de base de datos:

1. Clic en el botón **Todos los objetos de Access**.

2. Del menú desplegable, en la sección **Desplazarse a la categoría**, seleccione una opción de ordenación.

3. En la sección **Filtrar por grupo**, seleccione una opción de filtro.

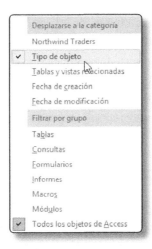

Figura 9.29. Menú desplegable del botón Todos los objetos.

Buscar objetos:

1. Haga clic en el cuadro de búsqueda del panel de navegación y escriba el término de búsqueda que coincida con el objeto que quiere encontrar.

Abrir un objeto:

1. Doble clic sobre el objeto.

O

1. Con el botón derecho haga clic sobre el objeto y clic en **Abrir**.

Abrir un objeto en la vista Diseño:

1. Seleccione el objeto en el panel de navegación.

2. En la ficha Inicio, en el grupo **Ver**, clic en la flecha desplegable del botón **Ver** y clic en **Vista Diseño**.

O

1. Con el botón derecho haga clic sobre el objeto y clic en **Vista Diseño**.

Eliminar un objeto:

1. Con el botón derecho haga clic sobre el objeto y clic en **Eliminar**.

Cambiar nombre de un Equipo:

1. Con el botón derecho haga clic en el objeto del panel de Navegación.

2. Clic en **Cambiar nombre**.

9.3 CREAR, AÑADIR, MODIFICAR Y QUITAR DATOS DE UNA TABLA

Una base de datos como su nombre dice, permite almacenar datos de diversos tipos: textos, vínculos, imágenes, etc. Todos los datos guardados en una base de datos se hospedan en un objeto llamado **Tabla**. Un objeto **Tabla** es el medio donde los datos se almacenan y se ordenan. Una base de datos no existiría si no posee tablas, y todos los demás objetos pueden trabajar utilizando como medio principal a los datos en las tablas.

Una tabla es un objeto de base de datos que se usa para almacenar datos acerca de un asunto en particular, como los empleados o productos. Imagine una tabla como una hoja de Excel, con filas, columnas y sus celdas. Una tabla está compuesta por registros y campos.

Se puede crear una tabla en dos vistas diferentes: Hoja de datos y Diseño. Cuando se crea una tabla en la vista **Hoja de datos**, se crea una interfaz de cuadrícula parecida a las hojas de Excel. Por otro lado, en la vista **Diseño**, se puede estructurar con mayor detalle las tablas.

Crear una tabla en la vista Hoja de datos:

1. Clic en la ficha **Crear,** y en el grupo **Tablas,** clic en **Tabla**.

Crear una tabla en la vista Diseño:

1. Clic en la ficha **Crear,** y en el grupo **Tablas,** clic en **Diseño de tabla**.

Guardar una tabla:

1. En la Barra de herramientas de acceso rápido, clic en **Guardar**. Se abre el cuadro de diálogo **Guardar como**.

2. En el cuadro de diálogo **Guardar como**, en el cuadro **Nombre de la tabla** escribe un nombre especial para tu tabla, por ejemplo, **Empleados**, **Categorías** o **Productos**.

3. Haga clic en **Aceptar**.

Agregar campos en la vista Hoja de datos:

1. Clic en la flecha desplegable en **Haga clic para agregar**.

2. Seleccione el tipo de dato que sea necesario.

3. Escriba el nombre para el campo y pulse **Enter**.

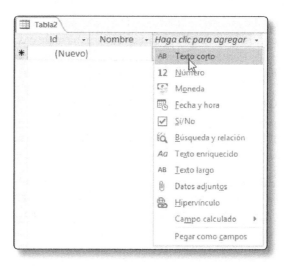

Figura 9.30. Agregar campos en la vista Hoja de datos.

Agregar campos en la vista Diseño:

1. En la ficha **Inicio**, en el grupo **Vistas**, clic en la ficha desplegable **Ver**.

2. Clic en **Vista Diseño**.

3. En la columna **Nombre de campo**, escriba el nombre del campo que quiera para su tabla.

4. En la columna **Tipo de datos**, seleccione el tipo de datos necesario para su tabla.

5. En la columna **Descripción**, agregue un texto que describa al nombre de campo.

Figura 9.31. Vista Diseño de la tabla.

Añadir nuevo registro en la vista Hoja de datos:

1. Navegue hasta el final de la tabla que ya contiene datos. Verifique que aparezca el texto **(Nuevo).**

2. Clic en la primera celda en blanco y agregue el dato.

3. Pulse la tecla **Tab** para pasar a la siguiente celda.

Figura **9.32**. Añadir datos.

O

1. Clic en la ficha **Inicio**, y en el grupo **Registros**, clic en el botón **Nuevo**.

O

1. Con el botón derecho haga clic en cualquier etiqueta de registro y clic en **Nuevo registro**.

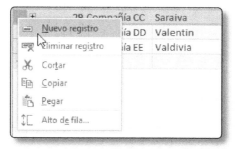

Figura **9.33**. Menú contextual de la etiqueta de registro.

Guardar los datos en la tabla:

1. Clic en la ficha **Inicio**, y en el grupo **Registros**, clic en el botón **Guardar**.

2. Clic en el botón **Sí**.

Eliminar el registro de una tabla:

1. Seleccione el dato o registro en la tabla.

2. Clic en la ficha **Inicio**, y en el grupo **Registros**, clic en el botón **Eliminar**.

O

1. Con el botón derecho haga clic en cualquier etiqueta de registro y clic en **Eliminar registro**.

En este ejercicio crearemos tablas en la vista Hoja de datos. Se usará el archivo **Jardín_Eden.accdb** ubicado en **C: | OfficeData | Capítulo 9.**

> (i) **NOTA**
>
> Abrir la base de datos *Jardin_Eden.accdb* y clic en *Habilitar contenido*.

1. Clic en la ficha **Crear** y en el grupo **Tablas**, haga clic en **Tabla**. Aparece una tabla en la vista **Hoja de datos**.

2. Clic en el comando **Guardar** de la Barra de herramientas de acceso rápido. Aparece el cuadro de diálogo **Guardar como.**

3. En el cuadro de diálogo **Guardar como**, en el cuadro **Nombre de la tabla**, escribe **Categorías**.

4. Clic en **Aceptar** para que el nombre se aplique a la tabla.

5. Clic en la ficha **Crear** y luego clic en el botón **Tabla**. Se crea una nueva tabla en la vista Hoja de datos. Esta nueva tabla posee su propia ficha que lo separa de la tabla **Categorías**.

6. Guarde la tabla con el nombre **Proveedores**.

7. Cree una nueva tabla y guárdela con el nombre **Empleados**. Note como en el Panel de navegación las tablas se van ordenando alfabéticamente mientras que en la ventana de trabajo las tablas se ordenan cronológicamente.

8. Crear una nueva tabla llamado **Pedidos**.

A continuación, añada datos a su base de datos.

9. Cierre todas las tablas a excepción de la tabla **Categorías**.

10. Doble clic en el campo **ID** y escribe: **Categoría ID**.

11. Pulse **Enter** para que el nombre quede guardado en el campo. Observe que aparece un menú con los tipos de datos que puede aplicar al siguiente campo.

12. Clic en **Texto corto** y escribe: `Nombre Categoría`.

13. En el siguiente campo elige **Texto** y escribe: `Descripción`.

14. Clic en la celda debajo del campo **Nombre Categoría** y escribe: `Bulbos`. Observe como en el campo **Categoría ID** aparece rellenado el número **uno (1),** que corresponde al primer registro.

15. Pulse la tecla `Tab`. Observe como automáticamente la siguiente celda se selecciona.

16. Escribe: `Primavera, verano y otoño forzosamente.`

17. Pulse la tecla `Tab`. Observe como se selecciona la primera celda del siguiente registro.

18. Pulse **Tab** para seleccionar la siguiente celda del registro y escribe: `Cactus.`

19. En la siguiente celda escribe: `Cactus de interior.`

20. Rellene los siguientes datos

Categoría ID	Nombre Categoría	Descripción
3	Cubierta veget.	Arriates perennes y caducos, hiedra, parras, musgo
4	Césped	Césped para climas fríos
5	Flores	Amplia variedad de flores
6	Acuáticas	Plantas para jardines acuáticos
7	Tierra/arena	Tierras, sustratos, grava, abonos
8	Fertilizantes	Gran variedad de fertilizantes
13	Árboles	Árboles de hoja perenne y caduca
14	Aromáticas	Plantas aromáticas, para cocinar y para infusiones
15	Bonsáis	Productos para bonsáis
16	Rosas	Muchos tipos de rosas
17	Rododendros	Cultivo resistente
18	Control plagas	Alternativas no tóxicas
19	Carnívoras	Plantas carnívoras
20	Herramientas	Materia de jardinería variado
21	Arbustos bayas	Pequeños setos de bayas
22	Arbustos/setos	Arbustos para setos, decoración, etc.

21. Sitúe el puntero en la línea que separa el campo **Descripción** y de **Haga clic para agregar**. El puntero cambia por una cruz con dos flechas horizontales.

22. Doble clic en la línea separadora y el campo se ajustará automáticamente al contenido.

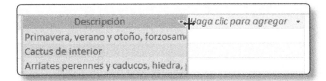

Figura 9.34. Puntero en medio de dos campos.

23. El puntero cambia por una cruz con dos flechas horizontales.

24. Clic en el botón **Guardar** y cierre la tabla **Categorías**.

25. Abrir la tabla **Empleados**.

26. Cambie el nombre de campo **ID** por el de `EmpleadoID`.

27. Agregue los siguientes campos con el tipo de datos **Texto corto**: `Nombre`, `Apellido`, `Dirección`, `Distrito`, `Teléfono`.

28. Pulse `Tab` para agregar un nuevo campo y elige la opción **Fecha y Hora**.

29. Escribe: `FechaNacimiento`.

30. Agregue el tipo de dato **Fecha y hora** para el siguiente campo: `FechaContratación`.

31. Para el siguiente campo, elige el tipo **Datos adjuntos**.

32. Rellene los siguientes datos:

Nombre	Apellidos	Dirección	Distrito	Teléfono	Fecha Nacimiento	Fecha Contratación
Leiner	Cárdenas Fernández	Urb. Bellas Artes 262	Ñaña	991111439	08/01/1987	01/01/2013
Handz	Valentin Huiza	Urb. El Bosque 362	ATE	995905255	09/10/1986	10/01/2013
Lizbeth	Guerra Salcedo	Urb. Las Lomas 564	Puente Piedra	998612348	23/05/1987	10/01/2013
Julio	Ccari Guerra	Av. Los elotes 535	Breña	998765382	22/08/1983	10/01/2013

33. Doble clic sobre la primera celda de **Datos adjuntos**. Se abre el cuadro de diálogo **Datos adjuntos**.

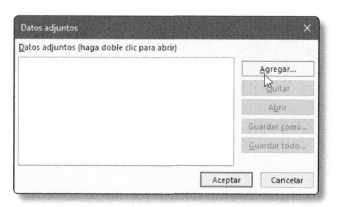

Figura 9.35. Cuadro de diálogo Datos adjuntos.

34. Clic en **Agregar**. Se abre el cuadro de diálogo **Elegir archivo**.

35. Navegue hasta su carpeta Capítulo 9 y clic en el archivo **Leiner.jpg**.

36. Clic en **Abrir**. Nuevamente regresa al cuadro de diálogo **Datos adjuntos**.

37. Clic en **Aceptar** del cuadro de diálogo Datos adjuntos. Ahora la imagen queda guardada en la tabla.

38. Agregue las demás fotografías para cada empleado.

39. Guarde la tabla y cierre la base de datos.

9.4 BUSCAR DATOS EN LAS TABLAS

Quizá hasta este punto, habrá notado que las bases de datos pueden ser bastante robustas, y posiblemente pueda pensar que encontrar ciertos datos puede ser una tarea agotadora. Access 2016 tiene muchas formas especializadas de encontrar información usando objetos como formularios, consultas o informes. Sin embargo, una manera muy simple y tradicional es usando el cuadro de diálogo **Buscar**.

Activar el cuadro de diálogo Buscar y reemplazar:

1. Clic en la ficha **Inicio**, y en el grupo **Buscar**, clic en el botón **Buscar**.

Encontrar Datos

1. En la ficha **Buscar**, escriba en el cuadro **Buscar** el dato que quiere encontrar en la tabla.

2. En **Buscar en,** seleccione alguna de estas opciones:

   • **Campo actual:** Buscará los datos en el campo donde se encuentra actualmente.

   • **Documento actual:** Buscará los datos en la tabla completa.

3. En **Coincidir**, seleccione alguna de estas opciones:

   • **Hacer coincidir todo el campo:** Buscará los datos que sean idénticos al escrito en el cuadro **Buscar**.

   • **Cualquier parte del campo:** Buscará los datos que contengan el dato buscado en el cuadro **Buscar**.

   • **Comienzo del campo:** Buscará los datos que comiencen con el dato buscado en el cuadro **Buscar**.

4. Clic en el botón **Buscar siguiente** para ir buscando los datos en la tabla o en el campo actual según sea el caso.

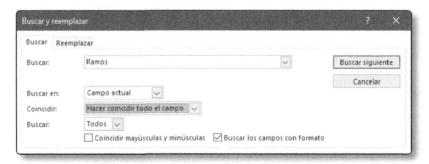

Figura 9.36. Cuadro de diálogo Buscar y reemplazar.

9.5 APLICAR UNA CLAVE PRINCIPAL

Una clave principal es un campo en la tabla que proporciona un identificador único para cada registro. Con este identificador, podemos relacionar tablas entre sí que permitirá asociar la información que están en la base de datos.

Para aplicar una clave principal a un campo siga estos pasos:

1. Abrir la tabla en la vista **Diseño**.

2. Seleccione el campo al que quiera aplicar una clave principal. Este debe ser, en su mayoría, un campo Autonumérico.

3. En la ficha contextual **Herramientas de tabla**, en la ficha **Diseño**, dentro del grupo **Herramientas**, clic en **Clave principal.**

9.6 RELACIÓN ENTRE TABLAS

Una relación constituye una forma de reunir datos de dos tablas diferentes. Para ello, se deben relacionar dos campos, uno en cada tabla. Cuando se usan las tablas en una consulta, la relación permite que Access determine qué registros de una tabla se relacionan con qué registros de otra. Por ejemplo, el usuario tiene un campo **Id_Producto** tanto en la tabla **Productos** como en la tabla **Detalles de pedido**. Cada registro de la tabla **Detalles de pedidos** tiene un **Id_Producto** que corresponde a un registro de la tabla **Productos**.

En Access se pueden aplicar tres tipos de relaciones:

▸ **Uno a uno:** Cada registro en la primera tabla tiene un único registro en la segunda tabla.

▸ **Uno a varios:** Cada registro de una tabla (tabla principal) está relacionada con uno o más registros de la segunda tabla (tabla secundaria) y cada registro de la segunda tabla está relacionada a un solo registro en la primera tabla.

▸ **Varios a varios:** Cada registro de cualquiera de las dos tablas está relacionado con cero, uno o varios registros de la otra tabla.

Para relacionar tablas siga estos pasos:

1. Clic en la ficha **Herramientas de bases de datos,** y en el grupo **Relaciones**, clic en **Relaciones**. Se abre el cuadro de diálogo **Mostrar tabla**.

2. En el cuadro de diálogo **Mostrar tabla**, seleccione las tablas que quiera añadir al diseño de relaciones y clic en el botón **Agregar**.

3. Clic en el botón **Cerrar** del cuadro de diálogo **Mostrar tabla**.

4. Arrastre el campo de clave principal de una tabla hacia el campo secundario de la otra tabla. Se abre el cuadro de diálogo **Modificar relaciones**.

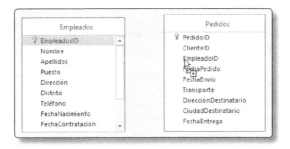

Figura 9.37. Relaciones entre tablas.

5. En el cuadro de diálogo **Modificar relaciones**, habilite la casilla **Exigir integridad referencial**. La integridad referencial permite establecer la preservación de las relaciones entre las tablas cuando se anexan, cambian o eliminan registros.

6. Clic en el botón **Crear**.

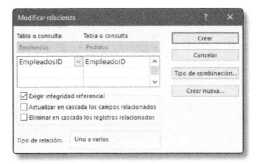

Figura 9.38. Cuadro de diálogo Modificar relaciones.

7. Clic en el botón **Guardar** para que las relaciones se almacenen en el archivo de base de datos.

9.7 USAR CONSULTAS

Muchos usuarios experimentados están de acuerdo en que las consultas son los objetos más potentes en una base de datos. Una consulta es una solicitud para obtener resultados o acción de parte de los datos y puede ser usada para responder preguntas, encontrar datos en varias tablas en un solo lugar, realizar cálculos, combinar datos de diferentes tablas y modificar datos.

Para crear consultas realice los siguientes pasos:

1. Clic en la ficha **Crear**, y en el grupo **Consultas**, clic en el botón **Diseño de consulta**.

2. En el cuadro de diálogo **Mostrar tabla**, seleccione las tablas que quiera añadir al diseño de consulta y clic en el botón **Agregar**.

3. Clic en el botón **Cerrar** del cuadro de diálogo **Mostrar tabla**.

4. En la tabla agregada, haga doble clic sobre los campos para agregarlos al diseño.

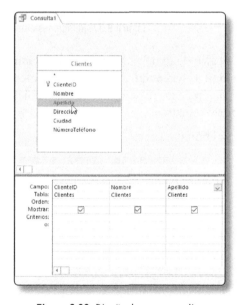

Figura 9.39. Diseño de una consulta.

5. Cuando termine de agregar los campos para su consulta, en la ficha contextual **Herramientas de consultas**, en la ficha **Diseño**, dentro del grupo resultados, clic en **Ejecutar**.

9.8 CREAR FORMULARIOS

Los formularios son objetos de base de datos que pueden usarse para crear una interfaz de usuario para una aplicación de base de datos. Un formulario "enlazado" es aquel que está directamente conectado a un origen de datos, como una tabla o una consulta, y que puede ser usado para insertar, modificar o mostrar datos del origen de datos. También se pueden crear formularios "independientes" sin un vínculo directo al origen de datos, pero que también contienen botones de comando, etiquetas o cualquier otro control necesario para que la aplicación funcione.

Para crear un formulario enlazado a una tabla siga estos pasos:

Formulario enlazado a una tabla:

1. Seleccione la tabla que desea utilizar como el origen de un formulario.

2. Clic en la ficha **Crear**, y en el grupo **Formularios**, clic en el botón **Formulario**.

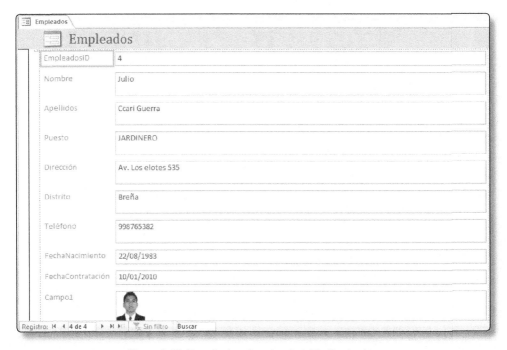

Figura 9.40. Formulario enlazado a la tabla Empleados.

Usar el Asistente para formularios:

1. Clic en la ficha **Crear,** y en el grupo **Formularios**, clic en **Asistente para formularios**. Se abre el cuadro de diálogo **Asistente para formularios**.

2. En **Tablas/Consultas** seleccione la tabla o consulta que usará para el formulario.

3. En **Campos disponibles,** seleccione los campos que usará en el formulario y clic en el botón con el signo "**mayor**".

4. Clic en **Siguiente**.

Figura 9.41. Cuadro de diálogo Asistente para formularios.

5. Seleccione el diseño del formulario entre las siguientes opciones:

   - En columnas
   - Tabular
   - Hoja de Datos
   - Justificado

6. Clic en **Siguiente**.

7. En el cuadro **¿Qué título desea aplicar al formulario?** Escriba un nombre para su formulario.

8. Clic en **Finalizar**.

9.9 CREAR INFORMES

Los formularios son ideales para ver e imprimir datos para un único registro o un conjunto relacionado de registros, y no para imprimir grandes conjuntos de datos o resúmenes de datos. Cuando imprime datos de informes, puede comparar, resumir y obtener conjuntos de datos a continuación, presentar la información en un atractivo diseño de impresión.

Para crear un informe enlazado a una tabla siga estos pasos:

Informe enlazado a una tabla:

1. Seleccione la tabla que desea utilizar como el origen de un formulario.

2. Clic en la ficha **Crear**, y en el grupo **Informes**, clic en el botón **Informe**.

Usar el asistente para informes:

1. Clic en la ficha **Crear**, y en el grupo **Formularios**, clic en **Asistente para informes**. Se abre el cuadro de diálogo **Asistente para informes**.

2. En **Tablas/Consultas** seleccione la tabla o consulta que usará para el formulario.

3. En **Campos disponibles**, seleccione los campos que usará en el formulario y clic en el botón con el signo "**mayor**".

4. Clic en **Siguiente**.

5. Seleccione un campo y clic en el botón con signo "**mayor**" para agregar un agrupamiento.

6. Clic en **Siguiente**.

7. Seleccione el campo y el modo de ordenación.

8. Clic en **Siguiente**.

9. Seleccione el diseño del informe entre las siguientes opciones:
   - En pasos
   - Bloque
   - Esquema

10. Clic en **Siguiente**.

11. En el cuadro **¿Qué título desea aplicar al informe?** Escriba un nombre para su informe.

12. Clic en **Finalizar**.

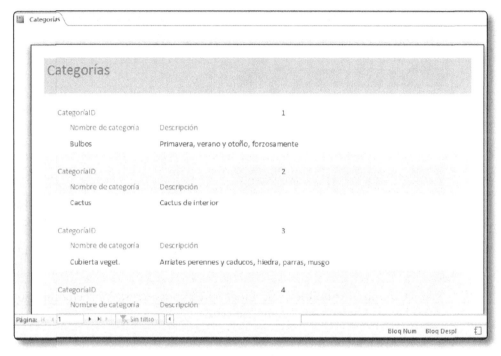

Figura 9.42. Informe creado con el Asistente para Informes.

MATERIAL ADICIONAL

El material adicional de este libro puede descargarlo en nuestro portal web: *http://www.ra-ma.es*.

Debe dirigirse a la ficha correspondiente a esta obra, dentro de la ficha encontrará el enlace para poder realizar la descarga. Dicha descarga consiste en un fichero ZIP con una contraseña de este tipo: XXX-XX-XXXX-XXX-X la cual se corresponde con el ISBN de este libro.

Podrá localizar el número de ISBN en la página IV (página de créditos). Para su correcta descompresión deberá introducir los dígitos y los guiones.

Cuando descomprima el fichero obtendrá los archivos que complementan al libro para que pueda continuar con su aprendizaje.

INFORMACIÓN ADICIONAL Y GARANTÍA

- ▶ RA-MA EDITORIAL garantiza que estos contenidos han sido sometidos a un riguroso control de calidad.

- ▶ Los archivos están libres de virus, para comprobarlo se han utilizado las últimas versiones de los antivirus líderes en el mercado.

- ▶ RA-MA EDITORIAL no se hace responsable de cualquier pérdida, daño o costes provocados por el uso incorrecto del contenido descargable.

- ▶ Este material es gratuito y se distribuye como contenido complementario al libro que ha adquirido, por lo que queda terminantemente prohibida su venta o distribución.

ÍNDICE ALFABÉTICO